마음이
아픈데
왜
철학자를
만날까

Die Sinn Diät
Copyright ⓒ 2009 by Rebekka Reinhard

All rights reserved. No Part of this publication may be used or reproduced in any manner whatever without the written permission except in the case of brief quotations embodied in critical articles or reviews

Korean Translation Copyright ⓒ 2011 by Yemun Publishing Co., Ltd
Korean edition is published by arrangement with Michael Meller Literary Agency GmbH, München through BC Agency, Seoul

이 책의 한국어판 저작권은 BC에이전시를 통한 저작권자와의 독점 계약으로 '(주)도서출판 예문'에 있습니다. 신저작권법에 의해 한국 내에서 보호를 받는 저작물이므로 무단 전재와 무단 복제를 금합니다.

마음이 아픈데 왜 철학자를 만날까

초판1쇄 인쇄일 2011년 7월 27일 | 초판1쇄 발행일 2011년 7월 29일
지은이_레베카 라인하르트 | 옮긴이_김현정 | 펴낸곳_(주)도서출판 예문 | 펴낸이_이주현
기획_정도준 | 편집_김유진·윤서진 | 디자인_배윤희 | 마케팅_채영진 | 관리_윤영조·문혜경
등록번호_제307-2009-48호 | 등록일_1995년 3월 22일 | 전화_02 765 2306 | 팩스_02 765 9306
주소_서울시 성북구 성북동 115-24 보문빌딩 2층 | 홈페이지 http://www.yemun.co.kr
isbn 978-89-5659-178-0 (03100)

마음이 아픈데 왜 철학자를 만날까

"철학은 답을 알고 있다"

레베카 라인하르트 지음 | 김현정 옮김

서 | 문 |

마음의 병에 대해서는 철학이 그 치료약을 제공한다.
이렇게 볼 때 철학은 마음의 치료제라고 할 수 있다.

-에피쿠로스(Epikouros)

...

  이 책은 철학을 다룬 기존의 책들과 다른 형태를 띤다. 인생과 세계에 대한 무미건조한 이론을 설파하는 것이 아니라 실제로 우리가 철학적으로 살아갈 수 있는 기술을 다룬다. 철학적으로 산다는 것은 스스로 생각하고 스스로 행동하는 것을 말하며, 삶을 둘러싼 모든 것에 호기심을 가질 뿐 아니라 부조리한 것을 극복하는 것까지 포함한다. 한편 부당한 요구, 흑백논리, 경쟁적 사고와 시기, 선입견, 자기애와 이기심, 불만과 불안감, 무관심 같은 것들이 바로 '무의미'의 범주에 들어간다. 이 책에는 무의미한 삶을 의미 가득한 삶으로 이끌어줄 14가지 '철학 치료(Philosophical Therapy)'와 '철학 상담(Philosophical Counseling)'이 담겨 있다.

  철학은 이미 고대 그리스 시대에 걱정과 불안을 비롯한 정신적 괴로움을 치유해주는 치료제의 기능을 했다. 빌헬름 슈미트(Wilhelm Schmid)나 게르트 아헨바흐(Gerd Achenbach) 같은 현대 철학자들이 이러한 전통을 부흥시키고 있다. 특히 아헨바흐는 1981년에 (소크라테스 이후) 최초로 철학 상담소를 설립해 철학의 가치를 새롭게 규명해왔다. 이제는 전 세계 곳곳에서 철학 상담소가 설립되고 있으며, 이미 유럽과 미국에서는 철학 상담과 철학 치료가 일상화되었다. 철학 상담에서의 철학은 이른바 '강단철학'이라는 상아탑에서 벗어나 있다. 어디에나 성과와 효율이라는 엄격한 이성의 잣대를 들이대는 우리 사회에 그리고 우리의 일상에 그 철학이 녹아들어야 한다. 바로 이 책에서 삶에 녹아든 철학과 그 사례들을 소개한다.

철학 상담은 심리치료가 아니다. 이는 창조적인 형태의 자기성찰이자 상호적이고 협력적인 교류이다. 정신과 의사나 심리치료사와는 달리, 철학 상담가는 스스로를 아헨바흐가 말하는 "보편적 교양인(General Dilettant)"이라고 생각한다. 철학 상담가는 규정적인 이론을 제쳐두고 되도록 편견에 사로잡히지 않은 마음가짐으로 상담 의뢰인(Client)을 대한다. 또한 상담 의뢰인의 애로 사항이나 문제를 신속히 제거되어야 하는 부정적인 것으로만 간주하지 않는다. 한 인간을 둘러싸고 있는 특수한 문제들은 그 사람만의 유일성과 특수성을 탐색하는

데 항상 도움이 된다.

한마디로 철학 상담가는 '아픈 사람'과 '건강한 사람'을 구별하지 않는다. 건강한/아픈, 정상적인/비정상적인, 이로운/해로운 등의 이원적 구분을 지양하면서 의뢰인 스스로 철학함(Doing philosophy)을 옆에서 도와줄 뿐이다. 철학 상담소에 찾아오는 사람은 아픈 사람, 의지할 데 없는 사람이 아니라 '철학 상담가라는 전문가에게 의견을 물으러 오는 사람'이다. 따라서 이곳에서는 의학적 개념의 '병(病)'을 다루지 않으며, 병의 '징후'도 나타날 수 없다. 이곳에서는 다음과 같은 주제를 가지고 철학 상담가와 상담 의뢰인이 대화를 나눈다.

- 의미와 무의미의 혼동, 정체성의 위기 등 가치관·인생관에 관한 문제
- 의사소통 장애, 대인기피 등 대인관계에 관한 문제
- 일상에서의 좌절감, 만성적 불만, 만성적 지루함, 방향 상실 등 삶의 방식에 관한 문제
- 자살 충동, 죽음에 대한 두려움, 존재의 유한성 인식 등 삶 자체에 관한 문제

철학 상담은 모든 문제를 한 번에 해결할 수 있는 해법을 제시할 수도 없으며, 제시하려고도 하지 않는다. 해법의 제시보다는 상담 과정

에서 다루는 내용을 통해 정신적으로 자극을 주는 데 그 의의가 있다. 즉, 자기 자신과 관련된 모든 문제와 고민에 대해 지속적으로 사고하면서 스스로 풀어갈 수 있게 하고, 이제까지 해본 적 없던 새로운 사유와 새로운 행동을 하도록 고무하고, 스스로 마음을 다독일 수 있는 용기와 책임감을 불어넣고자 하는 것이다.

철학 상담을 받기 위해 철학적인 지식을 미리 공부해야 할 필요는 없다. 본인의 상황을 보다 넓고 새로운 시각에서 파악하려는 마음가짐만 있으면 된다. 당신에게 바라는 것도 이러한 마음가짐뿐이다.

이 책에는 '선택, 불안, 죽음, 시간, 웃음, 사랑, 선(善), 악(惡), 우정, 낯섦, 소통, 불만, 순간적 행복, 지속적 행복'이라는 14가지 삶의 중요한 문제가 등장한다. 자유롭게 묻고 대답하면서 이 문제들을 이론적으로가 아니라 실천적으로 풀어간다. 상담 의뢰인의 구체적인 문제를 두고 대화하는 과정에서, 의뢰인을 변화시키기 위한 어떠한 목표나 의도도 개입되지 않는다. 문제 자체보다는 문제를 보는 의뢰인의 시각에 집중하는 것이다. 스스로 이해하고 결정을 내려야 하는 이 자율성 때문에 처음엔 몇몇 의뢰인들이 거부감을 드러내기도 한다. 하지만 대화를 하면서 결국 이를 서서히 받아들이게 되고 자기도 몰랐던 마음의 병을 스스로 치유해간다. 당신도 그렇게 될 것이다. 단, 이 모든 것은 당신 손에 달려 있다는 것을 기억해야 한다. 행복한 삶을 위한 특효 처방전은 어차피 존재하지 않으니까.

당신이 살면서 불이익을 당한다고 느끼거나 불만족스럽거나 당신 자신이 누구인지 또 어디를 향해 가려는지 정확히 알지 못한다면, 이 책은 바로 당신을 위한 책이다. 얼마 안 가 당신의 삶은 활력으로 가득 찰 것이고, 나아가 의미 있고 균형 잡힌 인생을 설계할 수 있을 것이다.

한 가지 당신이 알아둬야 할 점은 이 책에 소개된 사례들이 완성된 철학 상담이 아니라 그들과 나눈 대화의 한 단면에 불과하다는 사실이다. 각 사례에 등장하는 상담 의뢰인의 비밀유지를 위해 익명을 사용했음을 아울러 밝힌다.

Contents

서문 ··· 5

1. **선택_ 선택하지 않는 것도 선택이다** ··· 14
   철학 상담 1: 선택사항 줄이기

2. **불안_ 불안은 자유의 다른 말에 불과하다** ··· 28
   철학 상담 2: 불안감에 관심 가지기

3. **죽음_ 죽음은 보편적인 사건이다** ··· 46
   철학 상담 3: 죽음을 인정하기

4. **시간_ '지금 여기'가 가장 중요하다** ··· 66
   철학 상담 4: 시계 속의 시간 잊기

5. **웃음_ 존재의 무거움과 지루함을 벗다** ··· 84
   철학 상담 5: 무의미한 웃음 버리기

6. **사랑_ '사랑'과 '사랑하기'는 다르다** ··· 102
   철학 상담 6: 사랑의 기술 연마하기

7. **선(善)_ 어떤 존재로 어떻게 살 것인가** ··· 120
   철학 상담 7: 양심 점검하기

8. 악(惡)_ 악은 평범하고 진부한 것이다	⋯ 138
철학 상담 8: 진부한 생각 버리기	
9. 우정_ 우정과 위선을 구분하다	⋯ 156
철학 상담 9: 진정한 친구 찾기	
10. 낯섦_ 낯선 것은 비정상적인 것이 아니다	⋯ 174
철학 상담 10: 낯선 것과 관계 맺기	
11. 소통_ 타인의 언어를 자기 언어로 번역하다	⋯ 192
철학 상담 11: 성숙한 언어세계 만들기	
12. 불만_ 낙관주의의 이면에서 불만이 생긴다	⋯ 210
철학 상담 12: 상황 받아들이기	
13. 순간적 행복_ 특정한 한 사람, 특정한 한 시점,	
특정한 한 장소와 결부된 행복	⋯ 226
철학 상담 13: 마음의 평온 찾기	
14. 지속적 행복_ 영혼의 안녕과 건강을 살피는 행복	⋯ 246
철학 상담 14: 선한 정신 만들기	
부록 자가 테스트: 충만한 삶을 위해서는 얼마나 많은 철학이 필요한가?	⋯ 266

1
선택 _
선택하지 않는 것도 선택이다

나는 언제나 선택할 수 있다. 하지만 내가 선택을 하지 않는 것도 선택이라는 사실을 항상 의식해야 한다.
-장 폴 사르트르(Jean-Paul Sartre, 1905~1980)

∴

프리드리히 니체(Friedrich Nietzsche, 1844~1900)는 "본래의 너 자신이 되라!"라고 말한다. 당신은 어디서나 쓸모 있는 존재이기를 바라는가? 수천 가지 일을 동시에 할 수 있을 정도로 완벽하기를 바라는가? 우리는 지금도 이미 상당히 완벽한, 아니 완벽에 가까운 모습을 하고 있다. 그렇다면 니체는 "지금의 너 자신보다 더 완벽한 네가 되어라."라고 말하고 있는 것일까?

흔히 "모든 것을 다 가질 필요는 없다."라고 말한다. 우리는 각자의 직위나 수입의 범위 내에서 우리가 무엇을 원하는지, 또 무엇을 원하지 않는지를 선택할 수 있다. 그런데 우리는 언제나 최고만을 추구하려 한다. 완벽한 몸, 완벽한 배우자, 완벽한 조기교육 프로그램, 일과 생활의 완벽한 조화, 완벽한 인터넷 서비스는 우리가 늘 추구하는 대상이다.

여기서 완벽하다는 것은 결코 절대적 완벽함을 뜻하는 것이 아니다. 우리는 완벽하다는 것을 '효과적이고 능률적이고 생산적이며, 빨리 얻을 수 있으며, 비싸 보이며, 값싸게 얻을 수 있으며, 욕구를 최대한 충족시키는' 것이라고 생각한다.

결국 우리의 목표는 모두 같다고 볼 수 있다. 바로 완벽한 삶을 이루는 것이다. 완벽한 삶에 도달하지 못하는 한 현재의 상태에 만족해야 한다. 그래서 모든 것을 더 완벽하게 만들려고 노력하는 것이다. 예컨대 우리는 규칙적으로 운동하고, 트렌드를 따라가려 하고, 마음의 안정을 위해 명상을 하고, 좀 더 경제적인 생활을 하기 위해 애를 쓴다.

어느 순간, 일을 완벽하게 해내지 못했다는 생각이 들면 마음속 깊은 곳에서 어떤 미련이 생긴다.

'미처 보지 못한 선택 사항들이 있지는 않을까?'

그런 생각이 드는 순간부터 우리는 기다리기 시작한다. 처음부터 전혀 존재하지 않았던 최상의 선택사항이 나타나기를 말이다.

우리는 어떤 세계에 살고 있는가? 이 세계는 한눈에 조망하기 힘들 정도로 복잡하다. 현실과 가상현실은 점차 그 경계가 허물어지고, 사람들은 경이로움과 혼동 속에서 헤매게 된다.

이러한 환경에서 우리가 어떤 형태의 삶을 만들어 나갈 것인지의 선택들은 무궁무진하다. 우리는 게으를 수도, 부지런할 수도 있다. 구찌(Gucci)를 좋아하거나 자라(ZARA)를 좋아할 수 있다. 교육을 잘 받은 뒤에 유통업체 관리자나 정책 입안자가 될 수도 있다. 또 결혼을 해서 아이를 낳을 수도 있고, 직장에서 계속 경력을 쌓아갈 수도 있다. 아니면 이 모든 것을 모두 이룰 수도 있다. 그사이에도 우리는 매번 선택의 순간들을 맞이하게 된다. 예를 들어 별로 좋아하지 않는, 직장에서나 사생활에서 별로 도움이 되지 않는 지인이 파티에 초대되었다면, 우리는 아마도 속으로 이렇게 물을 것이다.

"내가 이 파티에 가야 할까, 가지 말아야 할까, 아니면 그냥 파티에 참석해 그를 무시해버릴까?"

그렇다면 우리는 그 파티에 가야 할 특별한 이유에 대해 생각해봐야 한다. 도대체 우리에게 어떤 이익이 생기기에?

덴마크의 철학자 쇠렌 키르케고르(Søren Kierkegaard, 1813~1855)는 '희망적 삶'을 '무의미한 삶'으로 만들어버리는 현대인들의 특출한 재주에 대해 이렇게 말했다.

"아이는 컴컴한 방에서도 아무런 어려움 없이 혼자서 재미있게 잘 놀 수 있다. 모든 것이 새롭고 신기하기 때문이다. 반면 어른이 되면 크리스마스 트리 꼭대기의 별장식만 보고도 금세 싫증을 느낀다."

다른 말로 표현하자면, 인간은 나이가 들수록 감탄하는 능력을 점점 잃어간다는 뜻이다. 우리는 사람에 대해서, 일에 대해서, 또 어떤 일이 돌아가는 정황에 대해 잘 알고 있다고 믿는다. 그러면서 자신이 인지하는 모든 것들을 원래부터 그랬던 당연한 것으로 받아들인다.

하지만 당연한 것들이 늘어날수록 완벽함에 대한 우리의 기대치는 점점 높아진다. 그리고 높아진 기대치가 바라던 대로 충족되지 않으면 무언가 부족하다고 느끼기 시작한다. 일이 재미있고 보수가 그다지 나쁜 편도 아니어도 또 다른 어떤 것, 더 나은 것이 필요하다고 생각하는 것이다.

한마디로 우리는 더 많은 것을 원한다. 또한 우리는 "모든 것을 다 가질 필요가 없다."고 말하면서도, 언제나 무언가 부족하다고 여긴다. 그리고 우리가 가지고 있는 것을 당연하다고 생각한다. 이러한 현상은 고도로 복잡한 이 세상에 만연되어 있다.

최근에 젊은 남자 한 명이 철학 상담을 받기 위해 나를 찾아왔다. 그가 입은 옷과 그의 몸짓은 완벽한 조화를 이루었다. 외관상으로 그는 흠잡을 데 없는 사람처럼 보였다.

내가 먼저 말을 건넸다.

"당신의 문제가 무엇인지 이야기해 보세요."

"잘 모르겠어요. 저는 당신이 그것을 제게 이야기해 줄 거라 생각했는데요."

"당신에 대해서 아무것도 모르는데, 어떻게 제가 당신의 문제에 대해 말할 수 있겠어요?"

"음. 저는 창의성을 발휘하는 분야에서 일을 하고 있고, 여자친구가 있어요. 아니, 정확히 말하면 여자친구가 있었어요. 그녀는 아이를 원

했죠. 하지만 저는 지금 제 경력 계획을 다시 세우고 싶어요."

"훌륭한 생각이네요."

"제 형제자매들은 전부 변호사인데, 저는…… 음, 그게 힘들어요. 그런데 잘 모르겠어요."

"당신은 지금 새롭게 방향을 정하고 싶고, 몇 가지 중요한 결정을 내려야 한다는 말이죠?"

"그럴 수도 있는데, 잘 모르겠어요. 그런데 질문이 하나 있는데요. 상담비가 얼마라고 했죠? 혹시 제가 공제를 받을 수 있을까요?"

이 젊은 남자는 나에게 완벽한 자문을 기대했다. 말하자면 효과적이면서 빨리 얻을 수 있고, 비싸게 보이지만 값싸게 얻을 수 있고, 가능하다면 최대의 만족을 얻을 수 있는 그런 완벽한 자문을 바란 것이다. 사실 우리의 대화는 아주 오래 지속되었다. 그 긴 시간 동안 남자는 성급하게 결단을 내리려 하지 않았다. 그는 호의를 보이며 다음 주 중에 다시 나를 찾아오겠다고 말했다. 하지만 그는 그 이후로 소식이 전혀 없었다. 그는 나를 선택하지 않은 것이다.

고도로 복잡한 세상에서 완벽함이 우리의 삶에 그토록 커다란 비중을 차지하는 중요한 이유는 바로 타인 때문이다. 타인이란 우리에게 확실히 별다른 이득을 가져다주지 않으면서도, 그렇다고 아무런 상관이 없는 것도 아닌 사람들을 말한다.

그들은 하나 혹은 여러 분야를, 예를 들면 직장, 수입, 자녀의 수, 나이, 인기, 지능 등을 우리와 함께 공유하고 있는 사람들이다. 그들은 친구나 지인, 동료이다. 또 우리 자신과 어떤 식으로든 동일시될 수 있는 사람들이다. 타인은 완벽함을 추구하는 데 필요한 원동력이다. 그들은 고도로 복잡한 세상 한 가운데서 신뢰할 수 있는 유일한 척도이기 때문이다.

우리는 때에 따라서 똑같은 상황을 다르게 보기도 한다. 오늘은 훌륭하다고 생각했던 것이 내일은 바보 같다고 여겨지기도 한다. 자신이 좋았다가도 싫어지며, 어떤 것이 필요 없다고 느꼈다가 꼭 있어야 한다고 느끼기도 한다. 이렇게 변덕스러운 자기 판단은 모든 것을 완벽하게 만들려는 노력 때문에 생겨나는 것이다.

타인이 자신을 어떻게 바라보는지의 문제 역시 이러한 판단에 결정적인 영향을 미친다. 사회적으로 인정을 많이 받는 사람일수록 더욱 긍정적인 자기 판단을 내리게 되는 것이다. 특히, 즉각적인 대응이 가능한 전자통신시대에 기대하는 반응을 얻지 못한다는 것은 스트레스를 가중시키는 요인이 될 수 있다. 예컨대 자신의 제안서를 받아들이겠다는 전화를 받는 사람은 비중 있는 인물로 평가되는 반면, 거부 의사가 담긴 메일을 받은 사람은 중요하지 않은 사람으로 평가된다. 또 변함없이 타인에게 인정을 받는 사람이 있다면, 우리는 틀림없이 그 사람을 부러워할 것이다.

이렇게 사회적 인정은 자기 판단, 나아가 '자신이 얼마나 존중받을 만한 사람인가' 하는 자기가치 의식에도 영향을 미치게 된다. 그렇기 때문에 우리는 사회적으로 인정받지 못하는 것을 개인적인 문제로 받아들이려고 한다. 이때 우리는 인정받지 못함이 '타인'이라는 경쟁적인 선택 요소와 깊은 관련이 있다는 사실을 간과하게 된다.

우리는 적어도 한 분야에서라도 타인을 능가하려고 하며, 동시에 그 사실을 타인에게 인정받고 싶어 한다. 더 똑똑한 자녀, 더 아름다운 몸매, 더 높은 액수의 연봉, 혹은 더 많은 여행 경험이 있는 사람은 자신의 그런 점에 대해 칭찬받기를 원한다. 그런데 타인에게 인정받는 일은 쉽지가 않다. 사람들은 보통 타인을 인정하려는 마음보다 부러워하는 마음이 앞서기 때문이다.

하지만 본질적인 문제는 타인으로부터 인정을 받지 못한다는 것이 아니다. 문제는 더 좋은 것을 기다리는 마음, 더 많은 것을 갈망하는 마음이다. 말하자면 완벽함의 추구 그 이면에 존재하는 더 많은 가치를 얻고 싶은 마음이다. 우리는 간혹 이렇게 말한다.

"나는 정말로 모든 걸 가지지 않아도 상관없어."

가치는 우리에게 지속적인 행복을 안겨줄 수 있다. 우리는 현실적인 존재이기 때문에 지속적인 행복을 억지로 강요할 수 없다는 사실을 알고 있다. 그렇기 때문에 우리는 기다리는 것을 더 좋아한다. 그리고 적극적으로 달려들고픈 마음도 없다. 이미 모든 것을 완벽하게 만들기 위해 충분히 진을 빼고 있으니 말이다. 일단 어떤 의미와 행복이 우리에게 다가오는지 기다려본다.

한편 우리가 완벽을 추구해가는 동안 초조한 마음은 점점 커져간다. 타인과의 경쟁도 끊임없이 계속되고, 신경도 점차 날카로워진다. 인생의 의미가 밝혀질 기미도 보이지 않는다. 우리의 일정표는 업무, 골프 모임, 워크숍, 트래킹, 쇼핑 등 각종 스케줄로 꽉 채워져 있다. 끊임없이 새로운 일정을 만들어가면서도 결코 시간에 압박받는 것을 원치 않는다.

우리가 원하는 것은 의미이다. 완벽한 배우자를 원하는 것이 아니라 의미를 원한다. 완벽한 인터넷 서비스를 원하는 것이 아니라 의미를 원한다. 하지만 의미를 얻기 위해 우리는 지금 무엇을 하고 있는가? 쇠렌 키르케고르는 이렇게 말했다.

"이 세상에서 가장 어리석은 사람은 시간을 아끼려고 서둘러 음식을 먹거나 성급하게 일을 마무리하는 사람이 아닐까? 나는 파리 한 마리가 결정적인 순간에 그런 직장인의 콧등 위에 앉는 모습, 아니면 이 사람이 자기보다 더 급히 달려가는 자동차에 물세례를 당하는 모습을 상상해본다. 그러고는 신나게 웃는다. 누군들 웃음이 나지 않겠는가?"

비유하자면, 여기저기 구석을 찾아다니며 불을 지피는 데 너무 집중한 나머지 우리 삶이 이미 오래전부터 불길 속에서 활활 타오르고 있다는 것을 모른다는 것이다. 완벽함을 추구하기도 전에 가장 흥미진진한 것, 가장 재미있는 것, 가장 놀라운 것, 바로 우리 삶 전체를 송두리째 태워버릴 수 있다. 우리 인생은 우리가 포착할 수 있는 혹은 포착할 수 없는 선택이 아니다. 즉, 인생에는 대안이 존재하지 않는다.

하지만 걱정할 필요는 없다. 충만한 삶을 사는 데 필요한 모든 것을 우리는 이미 가지고 있다. 의미가 더 필요한 것도, 무의미가 덜 필요한 것도 아니다.

완벽함이라는 함정에서 벗어나기 위해 필요한 것은 의미와 무의미를 식별하는 훈련이다. 이 훈련을 하는 동안에는 빨리 해답을 얻으려는 성급한 마음을 억눌러야 한다. 마치 살을 빼는 동안에는 생크림 케이크를 먹고 싶다는 욕망을 억제하는 것처럼 말이다. 또 반드시 자발적으로 이루어져야 하며 평생에 걸쳐 지속되어야 한다. 사실 좋아하는 생크림 케이크를 못 먹는다는 것은 큰 고통이다. 흐트러진 자세로 텔레비전 앞에 누워 있고 싶은 사람에게 집 근처를 조깅하고 오라고 하면 그것 또한 고통스러운 일이다. 하지만 이런 고통을 견뎌야 하는 이유는 본인의 자발적 의지에 따라 삶을 통제하는 것이 장기적으로 봤을 때 더욱 건강한 삶, 더욱 편안한 삶을 만들기 때문이다.

사람들은 사랑과 행복, 가치 등을 지금 당장 가지고 싶어 하고, 모든 문제에 대해 완벽한 해답을 찾으려고 한다. 하지만 이러한 바람 또한 억제해야 한다. 행복을 지속적으로 유지하는 것에 다른 방법은 없다. 고통은 행복에 대한 대가이다. 하지만 다행인 것은 시간이 지남에 따라 이 고통이 점점 참을 만한 것이 되고, 나아가 이러한 고통 없이는 더 이상 살고 싶지 않을 정도로 견딜 만한 고통이 된다는 사실이다.

철학 상담 1

선택사항 줄이기

선택사항은 현실화된 가능성이 아니다. 그렇기 때문에 선택사항의 범주를 과도하게 넓혀놓는 것은 위험하다. 그렇게 되면 '이것도 할 수 있고, 저것도 할 수 있고, 시간이 지나면 또 다른 어떤 대안이 나올 수도 있고,……' 와 같이 결정을 미루게 된다. 이렇게 결단성 없이 어물어물 망설이다 보면 당신의 판단력은 무뎌질 수밖에 없다.

즉, 그 자체로는 아주 편안한 이러한 생각이 굳어질수록 중요한 선택사항과 중요하지 않은 선택사항을 구분하고 올바른 결정을 내리기가 점점 어려워진다. 이것은 대인관계에, 나아가 인생 전체에 치명적인 영향을 끼칠 수 있다.

"네/아니오"라고 분명히 말하는 법을 익혀서 선택사항을 간결하게 만들 필요가 있다. 그리고 '다시 선택' 하는 법, '선택을 지지' 하는 법을 익혀보기 바란다.

▶ 당신은 인기가 많은 사람이다. 당신의 전화기는 쉴 새 없이 울린다. 하지만 당신은 누구에게 회신을 줄지 망설이고 있다.

그렇다면 지금은 '인간관계' 라는 선택사항을 점검해볼 때다. 상대방이 신의 있는 친구인지, 아니면 같이 있으면 즐거우나 당신이 안 좋은 상황에 처했을 땐 곁에 없을 사람인지 판단해 보라. 그리고 어떤 사실들을 근거로 당신이 그렇게 판단했는지 마음속으로 생각해 보라.

▶ 누군가 당신에게 어떤 것을 바랄 때, 혹은 당신이 그 사람을 위해 무언가를 해 주어야 할 때 당신은 일단 기다리는 습관이 있다. 너무 빨리 행동하면 심기가 불편해지고 억압감이 생긴다.

동료로부터 어떤 소식을 듣거나 질문을 받는다면 반드시 반응을 보여야 한다. 무반응의 행동은 하지 않는 것이 좋다. 사회적으로 인정받는 것이 나에게 중요하듯이 타인에게도 중요하다는 사실을 항상 명심한다. 더욱 만족스러운 사회를 이루기 위해 당신의 몫을 다하라.

▶ 조금 후면 중요한 회의가 있다. 그런데 회의 전에 피클 한 병을 사려고 급하게 슈퍼마켓에 들렀다. 피클을 고르고 있는데 옆에서 어떤 사람의 목소리가 들린다. 그 사람은 앞을 못 보는 사람이다. "저, 마요네즈가 어디 있습니까?" (마요네즈가 있는 코너는 당신이 있는 위치에서 멀리 떨어져 있다.)

당신은 선택사항을 머릿속으로 잠깐 점검해본다.

a) 그 사람의 질문을 무시하고 피클을 집어든 다음 발소리를 죽여 계산대로 향한다.
b) "잘 모르겠는데요."라고 말한 다음 그 자리를 떠난다.
c) 맹인의 팔을 붙잡고 함께 마요네즈를 찾으러 간다.

a)나 b)를 선택하면 제시간에 도착해야 하는 회의상황에 "네."라고 말하는 것이고, 반면 맹인의 부탁에는 "아니오."라고 말하는 것이다. c)의 경우에는 친절과 박애정신이라는 덕목에 "네."라고 말하고, 직장생

활의 완벽함에 "아니오."라고 말하는 것이다. c)를 선택할 때 비로소 자기와 자기를 둘러싼 세계가 조화롭게 돌아갈 수 있다.

이 철학 실천이 잘 이루어지면 지금까지 뒤죽박죽 엉켜 있던 생각과 감정이 일순간에 정돈될 것이다. 또 시간이 지나 이러한 경험들이 쌓일수록 자신의 인격이 보다 성숙해졌음을 깨닫게 될 것이다.

2
불안 _
불안은 자유의 다른 말에 불과하다

두려움은 미래에 우리에게 충분히 닥칠 수 있는 불쾌한 일을 생각할 때 생기는 불편한 심기이다.
-존 로크(John Locke, 1632~1704)

・・・

불안은 우리가 관심을 쏟는 대상이 아니다. 우리는 철저한 계획과 준비, 그리고 적절한 타이밍을 중요하게 생각한다. 우리는 두려움이 지루한 삶에서 어떻게든 벗어나려고 파란만장하게 사는 사람들의 소유물이라고 치부한다. 아니면 시대에 뒤떨어진 감정이라고 여긴다. 두려움이라는 말은 19세기에나 어울릴 법하다. 예를 들어 평생 천식에 시달려야 했던 프랑스의 소설가 마르셀 프루스트(Marcel Proust, 1871~1922)나 굿나잇 키스 없이는 잠을 잘 수 없어서 죽을 때까지 어머니와 함께 살았던 《잃어버린 시간을 찾아서 A la recherche du temps perdu》(마르셀 프루스트가 1913년부터 1927년까지 쓴 일곱 권의 대하소설-역주)의 주인공에게나 쓰일 말이다.

불안은 우리의 완벽한 삶에는 어울리지 않으며, 아무런 이익이 되지 않는다. 그래서 불안에 주의를 기울이려 하지 않는다. 그 대신 일이나 여가처럼 다른 중요한 일에 전념한다. 미친 듯이 일을 하고, 일을 하지 않을 때에는 여가를 어떻게 보낼지 계획을 세운다. 알차게 일하면서 여가계획을 세우는 것은 우리가 가장 좋아하는 행위이다. 여가를 의미 없게 보내지 않으려고 우리는 최대한 시간과 분을 쪼갠다. 여가의 즐거움은 멋진 여가계획을 세우는 데 있다고 해도 과언이 아니다.

금요일 저녁에 주식시세와 날씨를 잠깐 체크한 뒤 주말을 보낼 모든 준비를 완료한다. 토요일에 등산을 함께하기로 한 친구들을—편의상 '되르테'와 '올리버'라고 부르자—데리러 가야 한다. 그들을 데리러 간다는 사실을 분명히 알려두기 위해 미리 짧게 통화를 한다. 집을 떠나기 전에 한 번, 차가 막힐 때 또 한 번, 그리고 거의 도착했을 때 또 한 번 전화한다. 올리버가 세 번째 전화를 받으려고 급하게 휴대폰을 향해 팔을 뻗는 순간, 근육에 심하게 무리가 온다. 그래서 등산을 함께 갈 수 없다는 소식을 전한다. 우리는 이 소식을 듣자마자 신속히 계획을 변경한다. 되르테와 올리버와의 만남을 후일로 기약하고 마르첼로에게 전화를 걸어 같이 쇼핑을 하기로 한다. 당장 입을 셔츠를 몇 벌 사야 하는데, 마르첼로가 디자이너 브랜드 의류 할인매장을 잘 알고 있다고 한다. 우리는 시내에서 우연히 안트예와 마주쳤다. 그리고 그 자리에서 마틴과 파울에게 전화를 걸어 즉흥적으로 저녁식사 모임을 마련한다. 안트예가 마틴과 파울에게 전화하면서 장소와 시간을 결정하자마자 우리는 부모님께 전화를 걸어 아이들을 빨리 데려가 줄 수 있는지 알아본다. 저녁 식사 후에 마틴과 파울이 새로 장만한 평면 TV로 DVD를 본다. 그리고 맥주를 적당히 마신 다음 적당히 머물다가 나온다.

우리는 이렇게 행동하면서 단 1분이라도 차분하게 안정을 취하며 여유를 가질 기회를 계획적으로 차단시킨다. 그리고 두려움이나 불안감과 같은 끔찍한 느낌이 머릿속에 절대로 떠오르지 못하게 한다. 불안감이나 두려움을 부정적이라고 여기기 때문에 그러한 감정을 갖는다는 것 자체를 두려워한다.

이 불안감은 여러 가지 모습으로 우리에게 나타난다. 지위상실에 대한 불안감, 자산몰락에 대한 불안감, 이제 곧 마흔 살이 된다는 불안감, 자녀가 독립할 수 있을지에 대한 불안감, 배우자와의 이별에 대한 불안감, 직장 내에서 소외되는 것에 대한 불안감, 뚱뚱해지는 것에 대한 불안감, 발기부전에 대한 불안감, 외로움에 대한 불안감 등등.

불안은 능률을 떨어지게 하거나 가장 필요하지 않은 순간에 그 모습을 드러낸다. 남성의뢰인 한 명이 한동안 철학 상담센터로 찾아왔다. 그는 자신의 성격을 바꾸고 싶어 했다. 쉰 살이 훌쩍 넘은 이 남성은 모자가 달린 티셔츠에 나이키 운동화를 신고 있었다. 참 쾌활한 사람처럼 보였다. 그는 자신이 계획성이 뛰어나며, 마음만 먹으면 무슨 일이든 여느 젊은이들보다 훨씬 더 잘 해낼 수 있다고 말했다. 따라서 '나이를 먹는다'는 것이 자신에게는 전혀 문제가 되지 않는다고 했다. 자기보다 스무 살이나 어린 사람보다 더 건강하며, 더 똑똑하다고 확신하면서.

어느 날 나는 그에게 이런 제안을 했다.

"불안에 대해 이야기를 나눠 보죠. 한 철학자는……."

"솔직히 그 문제에는 별로 관심이 없습니다."

남자는 내 말을 끊었다.

"그럼 어떤 이야기를 하고 싶습니까?"

"행복에 대해 이야기하고 싶습니다."

일주일 뒤 그가 다시 나를 찾아왔다. 그런데 그의 모습은 거의 알아보지 못할 정도로 달라져 있었다. 그는 조심스레 말을 꺼냈다.

"방금 병원에 갔다 왔습니다. 제가 암에 걸렸다고 하더군요."

"그럼 지금 두려우시겠군요. 이 이야기를 계속하고 싶습니까?"

"아니오. 별로 하고 싶지 않습니다."

"왜요?"

"두려움은 실재(實在)하지 않으니까요."

이 남자의 생각은 이러했다. '실재하지 않는 것은 비현실적이며, 비현실적인 것은 중요하지 않다. 실재하지 않는 것이 이상적이지 않다면 그것에 전념할 필요가 없다.' 그런데 이런 생각은 누구나 가질 수 있는 생각이다. 비현실적인 것을 생각하면 당황스러워질 뿐이고, 그래서 현실에 집중하려는 것이다.

우리는 두려움을 외계 생명체처럼 현실과는 동떨어진 어떤 것으로 여긴다. 두려움은 구체적인 것, 뚜렷하고 확실한 것을 추구하려는 인간의 욕구를 억제한다. 두려움은 정확한 것과는 거리가 멀다. 언제나 예측할 수 없는 것, '만약 …한다면 어떻게 될까?'라는 상상에 우리의 관심을 돌리게 한다. 따라서 두려움을 가져봤자 당장에 이득은 없는 것이다.

의미와 행복은 지금 현재 눈에 보이거나 실제로 느낄 수 있는 것, 즉 우리가 통제할 수 있는 것에서 생겨난다. 예를 들면 토요타 자동차, 요가 강습, 의류 할인행사, 또는 친구들과 함께하는 영화보기처럼 말이다. 반면에 두려움은 우리가 통제할 수 없는 것에 대한 느낌이므로 우리의 삶에 어떤 의미도, 어떤 행복도 가져다주지 않는다.

모든 것을 통제할 수 있다는 확신은 착각이다. 물론 누구나 이 사실을 알고 있다. 그런데 이 사실을 알고 있다는 것이 우리를 더욱 불안하게 한다. 그래서 이 불편한 사실로부터 아무런 결론을 끌어내지 않는다. 오히려 불안감이 고개를 들지 못하도록 가둬두고 되도록 재미있게 살려고 한다. 이렇게 우리는 목표를 향해 나아가면서도, 그 과정에서 자신의 경험과 삶의 본질에 대해 진지하게 성찰하려 하지 않는다. '완벽하게 계획하고 준비하는 것, 절묘한 타이밍을 맞추는 것'에 대해서는 많은 것을 알고 있지만, '불안감'에 대해서 알고 있는 것이 거의 없다.

반면 철학가와 작가는 조금 다르다. 철학가와 작가는 불안에 관한 모든 것을 알고 있다. 하지만 철저하게 계획하고 준비하며 적절한 타이밍을 맞추는 것은 그들이 지닌 핵심능력이 아니다. 이것은 어쩌면 당연한 결과일지도 모른다. 불안감을 알기 위해서는 '비어 있는' 시간, 즉 '사용하지 않는' 시간이 필요하기 때문이다.

예를 들어 작가 마르셀 프루스트는 평생 몸이 아팠기 때문에 침착하게 불안감을 마주할 수 있었다. 그는 대부분의 시간을 어두운 방 안에서 보냈다. 그가 쓴 어떤 편지에는 이런 글귀가 있다.

"제가 카부르(Cabourg, 프랑스 노르망디에 있는 작은 휴양 도시-역주)에서 돌아온 후에 침대를 벗어난 적은 딱 세 번입니다. 지금도 뭔가를 계속 쓰려고 합니다만, 두통이 있어서 어찌 될지는 모르겠습니다. 그래도 새벽 3시가 되면 밖에 나가고 싶은 욕구가 솟아오릅니다. 그래야 누군가 제 방을 청소할 수도 있을 테니까요. 물론 말도 안 되는 일이지만요. 지금은 정신이 너무 몽롱해서 그럴 수가 없군요."

프루스트는 작가로서의 재능이 부족하다는 불안감, 충분히 사랑받고 있지 않다는 불안감, 저녁마다 어머니의 굿나잇 키스를 포기해야 한다는 불안감 등 불안이라는 감정에 푹 젖어 있었다. 그럼에도 그는

《잃어버린 시간을 찾아서》라는 작품으로 현대문학에 새로운 이정표를 세웠다. 4천 페이지가 넘는 이 작품에는 프루스트의 아주 소소한 인생사가 집결되어 있다. 불안 상태에서 집필된 수많은 이야기들은 대부분이 비현실적인 내용이었다. 하지만 프루스트는 이 작품 덕분에 프랑스의 저명한 문학상인 공쿠르상을 받았을 뿐만 아니라 세계적으로도 명성을 날리게 되었다. 프루스트의 성공은 '불안감에도 불구하고' 이루어진 것이 아니라 '불안감 때문에' 이루어진 것이다.

또한 철학자 쇠렌 키르케고르의 삶에서도 어릴 때의 '비어 있는' 시간이 결정적인 역할을 했다. 키르케고르는 또래의 정상적인 아이처럼 밖에서 뛰어놀다가 옷을 더럽힌다거나 싸움을 하고 돌아다니지 못했다. 그는 결코 집 밖으로 나가지 않았다. 대신 아버지의 손을 잡고 거실 복도를 이리저리 다니면서 가상 산책을 했다. 행인이 있는 것처럼 인사를 하기도 하고 상상 속의 자동차를 이리저리 비켜가기도 했으며, 보이지 않는 과일에 감탄하기도 했다. 이렇게 키르케고르는 어릴 때부터 비현실적인 것에 대한 열정을 키워나갔다. 훗날 그는 신학 공부, 불행한 사랑, 방대한 양의 논문 작업으로 시간을 보냈다. 그는 비록 부자가 되지는 않았지만, 그 대신 두려움에 잘 대처하는 전문가가 되었다. 1844년에 출판된 저서 《불안의 개념Begrebet Angest》에서는 자기의 정신적인 내면성을 상실한 채 피상적인 현상에만 집착하는 현대문명의 실상을 꼬집는다. 그러면서 그는 인간의 실존을 부각시키기 위해 인간의 '불안'을 정면으로 파고든다.

동물은 눈앞에 있는 천적에 겁을 먹는다. 반면 인간은 앞으로 있을지 없을지 모를 미래 때문에 불안감을 느낀다. 이 불안감이 인간과 동물을 구분해주는 요소이기도 하다. 불안감은 희망에 찬 현대인들을 늘상 따라다니는 꼬리표와 같다. 비록 우리의 눈에는 보이지 않더라도 말이다.

우리가 처한 현재 상황을 한번 자세히 살펴보자. 우리는 꽤 혼란스러운 세상에 태어났다. 누구도 이곳에 태어나고 싶은지 아닌지 묻지 않았다. 자신의 부모가 마음에 드는지 안 드는지도 묻지 않았다. 또 물려받은 체질이나 재능이 다른 사람들에 비해 열등하다는 사실이 시간이 흘러 드러날 것이 명백하더라도, 우리는 더 좋은 것을 미리 선택해서 물려받을 수 없다. 마지막에 모든 것이 동등해진다는 어떤 고차원적 법칙도 존재하지 않는다.

한편 우리는 하나님을 더 이상 신뢰할 수 없게 되면 다른 신앙의 대상을 찾는다. 하지만 다른 신앙의 가르침이 절대적 진리라고 말해주는 결정적인 증거는 어디에도 존재하지 않는다. 우리는 다음 생에 다시 태어날 수도 있고, 그렇지 않을 수도 있다. 확실한 것은 아무것도 없다. 그렇기 때문에 인간은 처음에는 부모의 도움을 받아 시작하고, 나중에는 자신의 힘으로 최고를 얻으려고 한다. 물론 그러려면 엄청난 노력이 필요하다.

우리는 누구나 정상에 오르고 싶어 한다. 정상에 오르는 길이 아무리 가팔라도 좀처럼 도중에 쉬려 하지 않는다. 세상에 태어난 지 불과 1~2년 뒤에 영아 교육프로그램에 참여한다. 그에 이어 최대치의 행복과 의미를 기약해주는 또 다른 많은 학습이 이어진다. 최고의 자아실현을 달성하지 못하더라도 최소한 다음과 같은 꿈을 꿀 수 있다. 국제 중고등학교, 유학, 고액의 연봉을 받는 다국적 기업의 일자리, 고급 여가생활, 외국에 집 사기, 남태평양의 섬에서 노후 보내기 등. 물론 실제로 이런 국제적 이력을 취득할 수도 있고, 행복을 보다 현실적인 범주에 제한할 수도 있다. 철저한 계획과 준비, 완벽한 타이밍만 있다면 예측할 수 없는 것, 비현실적인 것을 모두 배제시킬 수 있다. 개인적인 실패나 불운 따위는 예측에 포함시키지 않는다. 우리는 다만 불안감에 대해서만 모를 따름이다.

많은 현대인들이 너나할 것 없이 더 높은 곳을 향해 올라가려고만 한다면 결과적으로 어떤 문제에 봉착할 수밖에 없다. 이 문제에 대해 프랑스의 시사평론가이자 정치가인 알렉시 드 토크빌(Alexis de Tocqueville, 1805~1859)은 1840년에 출간한 《미국의 민주주의De la démocratie en Amérique》에서 다음과 같이 적고 있다.

"출생과 재산에 따른 모든 특권을 폐지한다면, 모든 사람이 직업 선택의 자유를 누린다면, 자신의 힘으로 어디에서든 최고 위치에 도달할 수 있다면, 야망이 큰 사람은 위대한 일을 쉽게 시작할 수 있다고 생각할 것이며, 동시에 자신이 비범한 운명을 타고났다고 느낄 것이다. 그러나 이것은 우리가 매일 경험하는 망상일 뿐이다. 모든 국민에게 희망을 불어넣어주는 이러한 평등은 모든 국민을 약하게 만든다. 평등은 국민의 힘을 모든 측면에서 감소시키고, 동시에 국민의 갈망을 팽창시킨다. …… 그래서 풍요롭게 살아가는 민주 사회의 구성원이 종종 묘한 우울증에 시달리고, 평온하고 느긋한 환경에서도 삶에 대한 혐오에 사로잡히는 것이다. 프랑스에서는 자살의 증가를 걱정하고 있다. 반면 미국에서 자살은 드물다. 하지만 정신착란증이 다른 어느 곳보다 흔하게 나타나는 것은 분명하다."

철저하게 계획하고 준비하며, 적절한 타이밍을 정하는 이유는 주어진 시간을 마지막 1분까지 최대로 활용하기 위해서이다. 하지만 어떻게 해야 우울증이나 불만감을 피할 수 있을까?

키르케고르에게 물어보자. 그는 "불안은 자유의 다른 말에 불과하다."라고 말한다. 불안이 생겨나는 이유는 인간이 자유로운 정신을 가지고 있기 때문이며, 어떤 인생계획을 실현시킬 것인지 머릿속에 그려 볼 수 있기 때문이며, 자신의 머리로 짜낸 특정 계획을 자유롭게 결정할 수 있기 때문이다. 또 자신이 올바른 결정을 했는지 100퍼센트 확신할 수 없기 때문이다. '이것이 올바른 결정인가? 혹시 내가 간과한 것이 있지는 않은가? 다른 결정을 해야 했던 것은 아닐까? 내가 이 선택으로 뭔가 중요한 것을 그르치고 있지는 않은가?' 이러한 불확실감이 생겨나는 이유는 최종 결정을 내리려고 하지 않고, 끊임없이 새로운 선택사항을 추구하기 때문이다. 이 근본적인 불확실감은 불안을 자라게 하는 배양토가 된다. 그리고 철저한 계획과 준비, 완벽한 타이밍에 대해서 겉으로 보기에 진실인 것처럼 믿게 하는 허위적인 확신으로 이러한 불확실감을 은폐하려고 한다.

불확실감을 은폐하면 불안을 못 느낄 수는 있겠지만, 그 대신 자유를 빼앗기게 된다. 자유롭다는 것은 '다른 사람이 하는 것을 그대로 따라하는 것, 우울해지는 것'을 의미하지 않는다. 자유롭다는 것은 '불안을 느끼는 삶'을 사는 것을 뜻한다. 불안은 외계생명체처럼 비현실적일 수 있으며, 머릿속에 빙빙 도는 생각처럼 구체적이지 않을 수도 있다. 하지만 이런 이유 때문에 불안을 느낀다고 해서 이 감정을 즉시 가둬 놓을 필요는 없다. 불안은 타인이 하는 생각이나 행동에서 조금이라도 벗어나 자유롭게 되기 위해 지불해야 하는 대가이다. 그리고 인생에서 가치 없는 것을 제거하는 데 가장 필수적이며 탁월한 수단이다.

앞에서 언급한 암 진단을 받은 남자에 대해 계속 이야기해보자. 병원에서 항암치료를 받느라 지칠 대로 지친 그의 삶에 변화가 생겼다. 최선을 다해 계획해야 할 일이 갑자기 사라졌다. 회의에 참석하지 않고, 쇼핑도 하지 않으며, 프로축구리그 경기를 볼 일도 없어졌다. 불현듯이 그는 혼자가 되었다. 불안과 자유만이 그의 곁에 있을 뿐이다. 사용하고 있던 많은 시간이 비어 버렸다. 내가 오랜 시간이 지나 그를 다시 만났을 때, 그는 오직 한 가지에만 마음이 기울어져 있었다. 바로 불안감이었다. 그가 내게 물었다.

"지금 이 상황에서 무엇이 가장 좋은지 아세요?"

"모르겠어요."

"사람이 점점 깊이 추락할 수 있다는 거예요."

"그게 무슨 뜻이죠?"

"어떤 사람이 있어요. 그는 근육에 힘이 빠지고, 몸은 약해지는데다 머리카락도 계속 빠져요. 그리고 '이제 나는 완전히 끝장이야.'라고 혼잣말을 합니다. 어느 날 그가 누워 있는 침대모퉁이에 앉아 있던 아내가 다른 남자와 사랑에 빠졌다고 고백합니다. 곧이어 의사가 병실로 찾아와 새로운 부위에 암이 전이되었다고 말합니다. 그때 남자는 상황은 더욱 악화될 수 있음을 갑자기 깨닫죠. 그런데 막상 이런 상황을 상상해보니 믿을 수 없게도 자유롭다는 기분이 들었어요."

남자는 더 이상 '두려움'에 대한 두려움을 느끼지 않았다. 그는 다양한 선택 가운데 한 가지를 고를 수 있다는 점, 그리고 좌절의 무한한 가능성에 결국 익숙해진다는 사실을 분명히 알게 되었다. 또 철저한 계획과 준비 그리고 타이밍 맞추기는 인간이 할 수 있는 것의 아주 작은 일부에 불과하다는 사실도 깨닫게 되었다.

철학 상담 2

불안감에 관심 가지기

불안감이 스멀스멀 올라오는데도 그것을 계속 외면하기만 한다면 갑작스럽게 우리의 눈앞에 나타날지도 모른다. 그리고 나타나지 않아도 되는 순간에, 예를 들면 회의 장소나 비행기 화장실, 고속도로 등에서 은밀하게 엄습해올 수 있다. 또한 불안감을 너무 오랫동안 무시할 경우 우울증이나 정신병으로 발전할 수 있음에 유의해야 한다.

불안은 우리에게 가장 중요한 것이 무엇인지 상기시켜준다. 가장 중요한 것을 잃을 것 같은 마음 때문에 불안해지는 것이다. 불안이 의도하는 것은 분명하다. 지켜야 할 것을 지킬 수 있도록 자극하는 것이 바로 불안의 목적이다. 불안감이 생겨날 수 있는 기회를 완전히 차단한다면 정말로 중요한 것이 무엇인지 판별하는 감각을 영원히 잃어버리게 된다. 그렇게 되면 우울증과 불안 증세도 점점 심각해질 것이다. 그리고 점점 더 많은 가치를 원하게 되고, 가치 있는 것과 가치 없는 것을 혼동하는 지경에 이른다. 예를 들면, 새로 출시된 유명 브랜드 신발이나 전자기기 등을 끊임없이 구입하고, 컨퍼런스 장소와 규모에만 완벽을 기하려고 한다. 말하자면 모든 것을 더욱 신속하게, 더욱 좋게, 더욱 고차원적으로 수행하려는 것이다. 이런 식으로 계속 살아간다면 극도로 신경이 날카로워지거나 언젠가 미쳐버릴지도 모른다.

이런 삶을 살고 싶지 않다면 불안감에 좀더 관심을 가져야 한다. 우선 마음속에 생겨난 불안감을 끄집어내고, 불안감과 친해지도록 하자. 혼자만의 시간을 가지며 자신의 상태를 느껴보는 것이 좋은 방법이다. 물론 불안감에 익숙해지기 위해 꼭 질병이 전제되어야 하는 것은 아니다. 불안감과 소통할 수 있는 계기는 아주 다양하다. 예를 들면 지속적인 스트레스, 사랑앓이, 해결되지 않은 소프트웨어 문제, 점점 깊게 파여 가는 오른쪽 팔자주름 등이 그 계기가 될 수 있다. 약간 불안하다고 해서 그 감정을 곧바로 분출하거나 친구들에게 곧장 전화를 걸지 말자.

무엇보다 불안감이 당신에게 무엇을 말하고자 하는지 귀를 기울여 보라. 그런 다음 혼신을 다해 그에 답해보자. 몇 가지 예를 들어보겠다.

▶ 당신은 파티를 무척 좋아한다. 혼자 있는 것을 싫어하고, 다른 사람과의 자유분방하고 정열적인 만남을 좋아한다. 당신은 일에서 받은 스트레스를 풀기 위해 순간적인 연애행각이나 원나잇스탠드를 찾아 끊임없이 돌아다닌다.

그렇다면 이제 휴가를 내 오락거리가 없는 곳을 찾아 여행해보라. 아니면 한 달 정도 수도원 같은 곳에서 지내보라. 매일 새벽 4시에 일어나 수도사의 차분한 생활을 보고 느껴보라. 자기 자신을 억제하는 법, 고독으로부터 에너지를 만들어내는 법을 익혀보라. 이런 휴가를 생각하는 것만으로도 두려움을 느끼겠지만, 용기를 내서 시도해보라. 그렇게 한다면 에베레스트 산을 무사히 정복한 것과 같은 자유로움을 느끼게 될 것이다.

▶ 당신은 시간을 아주 잘 활용하는 사람이다. 만약 어떤 사람이 당신을 붙들고 자기가 키우고 있는 고양이에 대해 길게 이야기하기 시작하면 정말 미칠 것만 같다. 가끔씩 당신은 원인을 알 수 없는 공포감을 느끼기도 한다.

그렇다면 매일 20분씩 시간을 내 사람과 시계가 없는 곳에서 혼자만의 시간을 가져보라. 아무것도 하지 말고 어떤 일이 일어날지 그냥 기다려보라. 불안감 때문에 심장박동이 빨라지거나 옥죄는 느낌이 들더라도 그러한 느낌을 밀어내지 말라.

불안감이 여전히 비현실적이라고 생각되면 이름을 하나 붙여보자. 예를 들면 '안개박사'라고 부르는 것이다. 안개박사가 무슨 말을 하려고 하는지 생각해보라. 당신의 생활방식이 너무 일방적이라는 점, 당신이 충분히 자유로울 수 있는데도 자유롭지 못하다는 점, 당신이 결정해야 할 몇 가지 사항들을 더 이상 미루지 말아야 한다는 점을 말하려고 할 것이다. 안개박사 때문에 과도한 압박감을 느낀다면 마르셀 프루스트를 떠올려 보라. 프루스트도 불안감을 느꼈다. 게다가 프루스트는 당신과 달리 끊임없이(하루에 열 번까지도) 천식발작을 일으켰다. 그는 너무 빨리 죽을까 봐, 사랑을 많이 받지 못할까 봐 큰 불안감을 느꼈다. 하지만 이런 불안감이 그의 문학적 성공을 가로막기는커녕 오히려 가능하게 했다. 당신의 불안감은 어떤 이익을 가져올까? 당신의 안개박사에게 물어보기 바란다.

▶ 당신의 삶은 모든 면에서 성공적이다. 성공이 당신의 두 번째 이름이라고 해도 과언이 아니다. 지금 당신이 변화시키고 싶은 것은 거의

없다. 부족한 것도 전혀 없다. 다만 가끔씩 우울증에 빠진다.

그렇다면 당신의 용기를 테스트해보라. 당신이 늘상 두려움과 무력감, 좌절감을 느끼는 영역에 과감히 부딪쳐보라. 아무도 당신이 하리라고는 기대하지 않는 일을 규칙적으로 해보자. 예를 들어 아동구호기구에 기부를 한다거나 자선단체 활동에 참여해보는 것이다. 아니면 다음번에 월급이 인상되면 고소득자로서의 책임감을 느끼고 월급의 일부를 덜 가진 자에게 나누어주는 것은 어떨까? 또 한 번쯤은 골프장에서 주말을 보내지 말고 처가에서 지내보자. 장모님과 관계가 썩 좋지 않더라도 먼저 손길을 건네본다. 또 '따분하지 않을까?'라는 걱정은 잠시 접어두고 장모님의 말동무가 되어 보라. 시간이 어떻게든 지나가기만을 바라지 말고, 장모님이 당신에게 어떻게 대하든 상관없이 장모님을 살갑게 대하려고 노력해보자. 이 과정에서 당신은 인내심과 자기만족이라는 것을 배우게 된다. 당신이 견딜 수 있는 한계까지 나아가서 삶의 새로운 시각을 획득하는 것이다.

이 철학 실천이 잘 이루어지면 당신은 더 큰 자유로움을 느낄 것이며, 무의미한 것을 과감히 떨칠 수 있는 진정한 용기를 얻게 될 것이다. 나아가 자신의 유한성도 받아들일 수 있게 될 것이다.

3
죽음 _
죽음은 보편적인 사건이다

만약 네가 무언가를 생각해야 한다면,
죽음이 찾아오는 시간이 언제일지 모른다는 것을 생각하라.

-겔세 린포체(Gyalse Rinpoche)

...

우리는 죽음에 관심이 없다. 어차피 죽음도 불안감처럼 비현실적인 것이기 때문이다. 게다가 죽음은 저 멀리에 존재하는 것처럼 여겨진다. 아직 젊고 튼튼한데, 지금부터 죽음을 생각할 필요가 있겠는가?

우리는 죽음에 대해 그저 피상적으로 알고 있을 뿐이다. 신문이나 텔레비전, 남의 이야기를 통해 아는 것이 전부다. 이웃집의 부부가 총에 맞았다든가 산악등반가가 눈사태로 목숨을 잃었다든가, 또는 총기난사와 자살테러로 수십 명이 숨졌다는 이야기를 접하면 그저 "끔찍하군."이라고 말할 뿐이다. 그리고 돌아서면 이내 잊어버린다. 자신의 삶도 이미 충분히 버거운데다가 그 밖의 부담감까지 짊어지고 싶지 않기 때문이다. 우리는 잘 만들어진 범죄영화를 보며 기분을 전환하곤 한다. 시체를 발견해 부검하는 장면을 푹신한 의자에 편하게 앉아 과자를 아작아작 씹어 먹으면서 본다. 장면이 너무 과격하다 싶으면 리모컨으로 이리저리 돌려가며 적절히 수위를 조절하면 된다.

이처럼 우리는 죽음이 코앞에 닥친 사람 혹은 그 주변에 있는 사람의 감정을 간접적으로라도 느껴보고자 한다. 자신은 결코 그러한 상황에 빠질 리가 없다고 생각하면서 말이다. 우리는 때론 극적인 삶을 원하기도 하지만, 보통 큰 긴장이나 감동이 없는 지극히 정상적인 삶을 산다고 믿는다. 우리가 생각하는 정상적인 삶이란 가급적 죽음이 나타나지 않는 삶이다. 죽음은 일간지나 범죄소설 같은 특정한 테두리에 제한되어 나타난다. 일간지에서는 죽음에 대한 정보를, 범죄소설에서는 치명적인 오락거리를 기대한다. 우리는 이렇게 어떤 목적을 둔 테두리 안에서 삶을 계획하고 선택사항들을 축적한다. 힘든 프로젝트를 마친 다음에, 오전 9시부터 오후 6시까지의 생존투쟁을 마친 다음에, 아무런 구애 없이 기분을 즐겁게 할 권리를 누릴 수 있다고 생각한다. 그래서 우리는 인기 있는 미국 드라마 〈크리미널 마인드Criminal Minds〉나 〈CSI 마이애미CSI Miami〉, 영국 드라마 〈월랜더 형사Wallander〉 같은 범죄드라마 속으로 빠져들곤 한다.

사람들은 죽음에 대해 상당히 왜곡된 입장을 가지고 있다. 범죄드라마가 왜 그렇게 시청률이 높은지, 왜 스릴러물이 정기적으로 베스트셀러 목록의 정상을 차지하는지에 대해 전혀 의아해하지 않는다.

한편 우리는 고도로 복잡한 세상과 잠시라도 단절되기 위해 허구적인 죽음을 이용한다. 즉 '범죄이야기 = 오락거리'라고 생각한다. 우리는 현실적이고 이성적으로 사유하려 하며, 모순은 최대한 배격하고자 한다. 그리고 죽음이 어떤 식으로든 우리 삶에 다가올 수 있다는 사실 자체를 허용치 않는다. 우리가 범죄이야기를 그토록 흥미진진하게 생각하는 이유는 바로 이런 생각과 일맥상통한다. 범죄이야기는 다음과 같은 사실들을 전제한다.

- 삶과 죽음은 서로 아무런 관련이 없다.
- 죽음은 나쁜 것이며 끔찍한 것이다.
- 한번 죽은 사람은 영원히 죽은 것이다.
- 죽음이 산 사람과 상관이 있는 경우는 오직 그 사람이 어떤 원인을 밝혀내야 할 때, 아니면 개인적인 이해관계가 얽혀 있을 때뿐이다.

모든 범죄이야기에서 기본적으로 동일한 줄거리가 전개되는 이유, 그리고 매번 그 이야기들이 우리와 아무런 관련이 없다고 믿는 이유는 바로 위와 같은 전제들이 있기에 설명될 수 있다.

중국의 전국시대의 사상가이자 도가 사상의 중심인물인 장자(莊子)는 "인간의 출생은 인간 곤경(困境)의 탄생이다. 인간은 오래 살수록 더욱 우둔해진다. 피할 수 없는 죽음에서 벗어나려는 소심한 노력이 더욱 절박해지기 때문이다. 이 얼마나 괴로운 일인가! 인간은 언제나 자신의 힘 외부에 존재하는 것을 추구하면서 살고 있다. 미래에도 살아남고 싶다는 갈망은 인간이 현재를 살아갈 수 없도록 만든다."라고 말했다.

피할 수 없는 것을 피하려고 하는 경향은 서구문화의 전형적인 특징 중 하나이다. 무엇이든지 통제해야 한다고 생각하고, 그 통제력을 상실할까 봐 불안해하는 것이다. 그리고 통제할 수 없는 변화를 가장 두려워한다. 사람들이 범죄이야기를 좋아하는 이유는 이 이야기가 통제 가능한 범주 안에서 전개되기 때문이다. 범죄이야기의 줄거리는 예고 없이 바뀌지 않으며, 전개되는 시간도 충분히 짐작될 수 있다. 어느 누구도 사건을 끝까지 쫓으라고 강요하지 않는다. 지루해지면 언제든 일어나서 자리를 뜰 수 있다. 무엇을 얼마나 오랫동안 볼 것인지 스스로 결정할 수 있다.

우리가 범죄물이나 스릴러물에서처럼 삶의 모든 순간을 통제할 수 있다면 더할 나위 없이 행복할 것이다. 더 좋은 가치를 찾아 헤매는 일을 하지 않아도 된다. 물론 철저하게 통제한다는 것 자체가 불가능하다는 사실을 잘 알고 있다. 그런데도 끊임없이 철저하게 통제하려고 든다. 바로 이것이 인간을 불행하게 만드는 것이다. 삶을 통제하려다 오히려 삶을 불행하게 만드는 이 부질없는 욕망을 다스리기 위해 동양적 사고에서 영감을 얻어 보도록 하자.

서양사상과는 달리 동양사상은 그 관념들이 모호한 편이다. 서양 사상가들에게는 낮이 동시에 밤이 될 수 없으며, 죽음이 동시에 삶이 될 수 없다. 하지만 동양 사상가들에게는 지극히 가능한 일이다. 티베트에서 태어난 이 시대 가장 존경받는 영적 스승 소걀 린포체(Sogyal Rinpoche)는 《삶과 죽음을 바라보는 티베트의 지혜 The Tibetan Book of Living and Dying》에서 명상의 대가이자 신비주의자인 뒤좀 린포체(Dudjom

Rinpoche)에 대해 다음과 같이 적고 있다.

> 어느 날 그는 부인과 함께 프랑스를 돌아다니면서 곳곳의 경치에 감탄하는 중이었다. 그들은 길게 늘어진 어느 공동묘지 옆을 지나게 되었다. 그 공동묘지는 깨끗하게 새로 페인트칠을 했고 온갖 꽃으로 장식되어 있었다. 그때 뒤좀 린포체의 부인이 말했다.
> "저것 좀 보세요. 여기 서양인들은 모든 것을 참 깔끔하고 깨끗하게 해놓아요. 시체를 보관하는 장소조차 흠잡을 데 없어요. 아시아에서는 사람 사는 집도 그렇게 깨끗하지 않은데 말이에요."
> "그러게 말이오. 정말로 문화가 발달한 나라인 듯하오. 죽은 사람마저도 훌륭한 집을 가지고 있으니 말이오. 그런데 이들의 다른 아름다운 집에도 살아 있는 송장이 살고 있다는 생각은 안 드오?"

티베트의 이 유명한 영적 스승이 무고한 프랑스인들을 살아 있는 송장이라고 표현했다고 해서 이것을 허튼소리라고 치부해서는 안 될 것이다. 비록 이것이 아리스토텔레스로 소급되는 서양의 논리학에 위배된다 하더라도 말이다. 참고로 '참인 명제는 참이다(A는 A이다)'라는 동일률, '어떠한 명제도 동시에 참이면서 또한 거짓일 수 없다'는 모순율 같은 아리스토텔레스의 원리는 오늘날까지 서구문화를 구속하는 힘이 있다.

뒤좀 린포체 같은 티베트 사람이나 노자와 같은 중국 사람의 논리는 전혀 다른 법칙을 따른다. 특히 노자는 "도라고 하는 도는 진정한 도가 아니며, 이름이라고 하는 이름은 본질적인 이름이 아니다."라고 하면서 진정으로 참된 말은 '역설'이라고 말한다.

여기서 문제가 되고 있는 것이 무엇인지 다시 한 번 분명하게 생각해 보자. 서양의 사고방식과 동양의 사고방식은 마치 좌뇌와 우뇌처럼 마주보고 있는 관계이다. 서양의 사고는 논리적 사고를 담당하는 좌뇌에서 발생하고, 동양의 사고는 직관과 상상력의 원천인 우뇌에서 유래한다. 아리스토텔레스의 논리학에 의거한 서양 사상가는 사물을 서로 구분하고 대비시킴으로써('A' 대 'A가 아님', '죽음' 대 '삶', '늙음' 대 '젊음', '좋음' 대 '나쁨') 명료함을 획득한다. 반면 역설적 논리학에 의거한 동양 사상가는 대립을 대립으로 보지 않고 나란히 병렬시키거나('이것은 삶이자 죽음이다', '이것은 나쁘면서 동시에 좋다') 하나로 합친('죽은 것과 살아 있는 것', '오래된 것과 새로운 것', '아름다운 것과 추한 것', '좋은 것과 나쁜 것') 다음에 비로소 대상을 명확하게 본다.

이러한 동양적 사고를 접한 서양인들은 혼란에 빠진다. 통제를 추구하려는 욕구와 모순되기 때문이다. 그래서 근본적인 사고방식을 변화시키느니 차라리 요가를 통해 초자연적인 능력을 개발하고 물질의 속

박으로부터 자유로워지는 것이 낫다고 생각한다.

언제나 모든 것을 통제해야 한다는 욕구의 이면에는 영속성에 대한 바람이 숨겨져 있다. 선택사항을 충분히 확보하고 완벽한 계획을 마련해놓아야만 지금의 삶을 유지할 수 있다고 생각한다. "내년에는 어디로 휴가를 갈까?"라는 질문에 작년 때처럼 즐거운 휴가라고 대답한다. 또 뱃속의 아이가 태어나서 지능이 높을 가능성이 있다는 이야기를 듣는다면 영재교육 프로그램부터 기대한다. 어떠한 변화가 생기든 통제할 수 있어야 한다는 것이 서양식 사고이다. 이러한 통제 욕구와는 거리가 먼 동양식 사고는 다음과 같은 원칙을 따른다.

- 이것은 이렇지도 않고 저렇지도 않다.
- 이럴 수도 있고, 완전히 다를 수도 있다.

아리스토텔레스 논리학은 사물을 고정시키는 반면, 역설적 논리학은 사물을 자유롭게 풀어준다. 아리스토텔레스 논리학은 '한번 진리인 것은 언제나 진리이다.'라는 원칙을 기준으로 한다. 반면 역설적 논리학의 출발점은 '아무것도 있는 그대로 남아 있지 않으며, 모든 것은 변한다.'라는 것이다.

처음에는 낮이었지만 지금은 밤이다. 낮이 밤이고 밤이 낮이다. 밀물이 썰물이 되고, 썰물이 밀물이 된다. 밝았다가 어두워지고 어두워지다가 밝아진다. 봄은 여름이 되고, 여름은 가을이 되며, 가을은 겨울이 된다. 모든 것이 끊임없이 서로 뒤섞이고 갈라졌다가 하나가 된다. 왜 이렇게 소란스럽게 살아가는 걸까? 예측할 수 있는 것은 아무것도 없다. 부자가 더 부자가 되기도 하고, 가난한 자가 더 가난해질 수도 있으며, 부자가 가난해지기도 하고, 가난한 자가 부자가 되기도 한다. 모든 것이 가능하다. 모든 것이 올 때 오고, 갈 때 간다. 아무것도 통제할 수 없다. 인생도 마찬가지다. 전혀 통제할 수 없는 것이다.

나는 몇 개월에 걸쳐 한 남성 의뢰인에게 철학 상담을 해준 적이 있다. 그는 자신이 불치병에 걸렸다고 생각했다. 그는 몇 달 동안 병원에 입원해 각종 검사를 받았다. 하지만 검사를 받을 때마다 매번 아무 이상이 없다는 결과가 나왔다. 그는 검사결과를 전혀 신뢰하지 않았다. 큰 걱정에 사로잡힌 그는 자신의 몸에 나타나는 변화를 관찰했다. 그는 자신이 곧(늦어도 퇴원을 한 후에는) 죽을 것이라고 확신했다. 그는 그 병원에 가기 전에 다른 병원에서 이미 검사를 받았고, 그 전에는 또 다른 병원에서 검사를 받았다. 한때 그에게는 보수가 썩 괜찮은 직업과 화목한 가정이 있었다. 당시 그는 자신의 삶이 계속 이렇게 흘러

갈 거라고 확신했다. 그런데 어느 날 갑자기 자신이 죽으면 모든 것이 그대로 유지되지 않으리라는 사실을 깨달았다. 그는 언젠가 자신의 삶에 대한 통제권을 죽음이 가져갈 수 있다는 사실을 인정하려 하지 않았다. 죽음에 통제권을 넘겨주느니 자신이 직접 통제권을 떠맡는 편이 낫다고 생각했다. 그런 생각이 들자 자신이 먼저 몸에 있는 온갖 병들을 찾아내려고 했던 것이다.

몸에 변화가 생기면 우리도 이 남자처럼 크게 걱정하기 시작한다. 물론 그 변화들이 당장 죽음을 가져올 거라고 믿지는 않는다. 하지만 이러한 변화들이 삶을 위협하고 있음을 느낀다. 철저한 통제뿐만 아니라 철저하게 젊음을 추구하는 문화에서 이것은 크게 놀랄 일이 아니다. 우리는 남보다 자신이 통제 능력이 뛰어나기를 바란다. 또 이것을 남에게 보여주고 싶어 한다. 자연적인 노화 현상을 비켜갈 수 있다는 것을 남에게 확실히 보여주면 자신이 마치 불멸의 존재라도 된 것처럼 느껴진다.

티베트의 사상가는 이런 현상을 보고 속으로 깔깔 웃을 것이다. 티베트 말로 '몸'은 '뤼'라고 한다. 그런데 뤼에는 몸이라는 뜻만 있는 것이 아니다. 뤼를 단어 그대로 해석하면 '사람이 떠난 뒤에 남기는 것'을 뜻한다. 우산이나 가방 꾸러미, 쓰던 손수건처럼 말이다. 티베트인에게 육신이란, 끊임없는 변화를 겪으며 여행을 하는 과정에서 일시적으로 머무는 일종의 숙소와 같다. 반면 서양인에게 몸은 상실하지 않기 위해 보호해야 하는 호화로운 사원과 다름없다. 어떤 대가를 치르더라도 반드시 몸을 지켜내야 한다. 하지만 언젠가 우리의 몸도 사라지고 만다. 젊음은 오래 가지 못하고, 어느 순간 중년의 나이에 접어들게 된다. 나중에는 결국 몸이라는 사원을 재건축하거나 새로 지어야 할 날이 올 것이다.

'몸'이라는 사원
재건축하기(여성의 경우)

비타민, 칼슘, 마그네슘, 오메가3 지방산, 오메가6 지방산, 레티놀, 콜라겐, 피부재생효소, 수분 마스크, 필링, 전기자극 미용요법, 보톡스, 지방흡입, 가슴성형……. 점점 더 많은 여성들이 몸에 나타나는 변화를 막아보고자 일찍부터 온갖 조치들을 취한다. 그런데 놀라운 사실은 여성들이 이런 조치를 취한다는 것이 아니라 특정 나이를 넘어서는 것에 대해 수치심을 느낀다는 것이다. 이러한 사실은 여성들이 대개 35세 이상부터 보톡스 시술을 받기 시작한다는 것에서 알 수 있다. 무엇이든지 통제할 수 있다는 것을 남에게 보여주는 것은 아주 중요하다. 보톡스 시술을 받는 이유는 이렇게 우리가 절대 늙지 않고 젊음을 유지한다는 것을 남에게 과시하기 위해서이다.

하지만 50대가 되면 상황은 완전히 달라진다. 50대의 관심사는 "어떻게 하면 감쪽같이 10년은 젊어 보일 수 있을까?"라는 것이다. 50대에 접어들어 성형수술을 하기로 마음을 먹고 의사를 찾아간다. 그러면 아마도 의사에게 "성형수술의 부작용은 어떤 것이 있나요?"라고 묻지 않고 "사람들이 제가 성형수술을 한 사실을 알아차릴까요?"라고 물을 것이다. 부작용이나 위험성 따위는 신경 쓰지 않고, 성형수술의 티가 나지 않으면서도 젊어 보이고 싶은 마음이 크다. 성형한 티가 나는 사람을 보면 어쩔 수 없이 성형수술을 꼭 할 수밖에 없었던 사람이라고 생각한다. 브리짓 닐슨(Brigitte Nielson, 덴마크 출신의 모델이자 영화배우로 전신 성형수술을 받음-역주)처럼 말이다. 그리고 성형수술을 꼭 해야 할 것 같은 사람은 늙고 쓸모없는 사람, 하찮은 사람이라고 생각한다. 그렇기 때문에 성형수술을 한 사람은 일단 가장 친한 친구에게도 모습을 드러내지 않는다. 수술 뒤에 남은 부기나 멍, 붕대 감은 모습 등을 감추기 위해서이다. 성형수술을 받기 전에 "두 달 동안 스위스를 여행할 거야."라고 친구에게 거짓말을 한다. 그리고 나중에 수술 부위가 완전히 가라앉은 다음에 만나서는 마치 여행 덕분에 젊어진 것처럼 말한다. 우리는 몸이 서서히 쇠퇴하는 것을 어떻게 해서든 막아보려고 이러한 고통들을 감수한다.

미국 스탠퍼드대학 정신의학과 교수이자 베스트셀러 작가인 어빈 얄롬(Irvin D. Yalom)은 "죽음에 대한 공포는 인간의 내적 경험에서 중요한 역할을 한다. 죽음에의 공포는 인간을 계속 따라다니면서 수면 아래에서 끊임없는 동요를 일으킨다. 죽음에의 공포는 의식의 가장자리에 주둔하는 암울하고 변덕스러운 존재이다."라고 말했다.

보톡스 시술을 받아야 할 정도로 자신이 나이 들었음이 수치스럽게 느껴진다면, 이는 곧 인간이 죽는다는 사실을 수치스럽게 여기는 것과 다름없다. 나이 듦과 죽음을 있는 그대로 받아들이고, 의미 있는 다른 선택을 할 필요가 있다.

새 건물을 짓기(남성의 경우)

남성들은 언젠가 지금처럼 기력이 넘치지 못하는 날이 온다고 해서 주사를 맞는다거나 몸에 칼을 대지는 않을 것이다. 또 중년의 위기에 빠져 허우적거리고 싶지도 않을 것이다. 남성들은 좀 더 우아한 방법을 택한다. 50세 여성이 몸을 다시 젊게 만드는 보수작업을 성공적으로 한다고 해도 사람들은 그것을 알아챌 것이다. 아리스토텔레스 논리학대로라면, 50세 여성이 아무리 20세처럼 보일지라도 다시 20세가 될 수는 없다. 이러한 점은 전혀 남성들의 논의 대상이 아니다. 그렇다고 남성들이 내적 가치나 정신적 성숙함을 더 중시한다는 말은 아니다. 그들이 중요하게 생각하는 것은 몸이라는 외피이지 정신적 성숙함이 아니다. 즉, 남성들에게 필요한 것은 몸이라는 사원을 더욱 빛나게 해줄 새 건물을 짓는 것이다. 예컨대 그들은 무너져가는 낡은 건물을 철거하고, 금발머리와 파란 눈, 천사의 얼굴을 가진 여자들로 가득 찬 새로운 건물을 짓는다. 업무상 식사모임이나 전시회 개막식, 연극 초연 파티에 전처를 데리고 나타나는 남자를 보면 사람들은 "저 사람 이제 늙었군."이라고 험담할지도 모른다. 반면 새 아내를 데리고 온 남자를 보면 "저 사람 아직 젊구나."라고 속삭이며, 비난을 하기는커녕 오히려 높이 치켜세워줄 것이다.

인간은 '죽음-늙음', '살아 있음-젊음' 중에서 유리한 쪽을 확실하게 선택함으로써 죽음을 저지하려고 한다. 하지만 이것은 잘못된 생각이다. 아리스토텔레스는 "죽음은 삶과 마찬가지로 우리가 포착할 수 있는 혹은 포착할 수 없는 선택사항이 아니다."라고 말했다. 인간이 태어나고 죽는 것은 하나의 사실이다. 그리고 죽음이 언제 찾아올지 모른다는 그 불확실한 사실도 잊어서는 안 된다. 젊음도, 삶도 붙잡을 수 없다. 다만 선택의 기회가 주어질 뿐이다. 모든 것을 통제할 수 있다는 망상에 사로잡혀서 살아 있는 송장으로 일생을 마감하든가, 아니면 삶과 죽음을 더 이상 대립개념으로 보지 말고 하나의 연장선 위에 있다고 생각하는 것이다. 곰곰이 생각해 보라. 죽음은 살아 있음을 느끼게 하고 있는 그대로의 삶을 존재케 한다. 우리는 이 사실을 알게 모르게 이미 오래 전부터 알고 있었다. 그렇지 않고서야 어떻게 온갖 범죄물에 우리가 매혹될 수 있었겠는가? 범죄물이라고 해서 모두 목적이 없는 것은 아니다. 잘 만들어진 훌륭한 범죄물은 살아 있는 인간에게 죽음을 접할 수 있는 좋은 기회를 제공해준다. 죽음은 오직 스크린 속이나 일간지에서만 벌어지는 것이 아니다. 죽음을 아무리 비현실적이라고 생각해도 우리 자신에게도 언제든 닥칠 수 있는 보편적 사건이다.

철학 상담 3

죽음을 인정하기

노화와 질병이 없다면 죽음 또한 없을 것이다. 말하자면 영원히 살 수 있을 것이다. 그런데 참으로 끔찍한 상상이 아닌가! 만약 인간이 영원히 산다면 어떤 결정도 할 필요가 없다. 모든 것을 무한히 연기할 수 있고, 시간의 압박을 받을 필요도 없으며, 무한한 즐거움에 빠질 수도 있다. 하지만 그렇기 때문에 무한히 지루해질 수도 있다. 또 죽고 싶어도 죽을 수 없다.

이제 삶이 영원하다는 과대망상은 접어두고 당신도 드라마나 영화 속 등장인물처럼 언젠가 죽게 될 것이라는 생각에 가까이 다가서 보기 바란다. 다만 다른 점이 있다면 당신에게는 결말이 주어져 있지 않다는 것이다. 죽음을 인정하려고 노력하자. 죽음은 당신의 사원, 즉 몸에 뚫려 있는 구멍이다. 이 구멍을 통해 사원 밖으로 탈출할 수 있다. 이 구멍이 없다면 당신은 영원히 사원 안에 갇혀 살게 된다. 죽음은 삶에 속해 있다. 죽음이 없다면 삶도 무의미하다. 이제부터는 스릴러물을 그저 오락거리로만 생각지 말고, 훗날 다가올 죽음을 미리 경험해보는 기회로 만들자. 이제 몇 가지 예를 들어보겠다.

▶ 당신은 범죄물을 즐겨본다. 범죄물은 무엇보다 흥미진진해야 한다고 생각한다. 반면 당신은 아주 무미건조한 사람이다. 사무실에서 하루에도 몇 번씩 하품을 하다가 들킨다. 또 동료들 사이에서 농담이라도 할라치면 아무것도 떠오르지 않는다. 즉흥적인 끼를 발산하지 못하는 당신에게는 리모컨을 들고 TV 앞에 앉는 것이 최상의 낙이다.

범죄물에서는 모든 것이 죽음을 위주로 돌아간다. 범죄물에 등장하는 주인공들이 영웅인 이유는 딱 60분 만에 살인자를 찾아내기 때문만은 아니다. 그들이 살인자를 찾아내는 과정에서 끊임없이 죽음과 직면하며 인생을 배워가기 때문이다. 또 이러한 과정을 거치면서 점점 더 흥미진진하고 활력이 넘치는 인물이 된다. 당신도 그런 사람이 되고 싶은가? 당신도 범죄물의 주인공처럼 가슴이 뛸 정도로 흥미진진하면서도 위험하지 않게 살기를 바라는가?

그렇다면 죽음의 대한 명상을 시작해보라. 침대에 누워 지금 이 순간이 인생의 마지막인 것처럼 생각해보라. 그리고 자신의 상태가 점점 나빠진다고 상상해보라. 죽음이 다가오고 있다는 모든 느낌을 하나하나 느껴보라. 그리고 자신에게 이렇게 물어본다.

'지금이 삶의 마지막 순간이라면 마음이 무거운가? 내 삶은 전체적으로 어떠했는가? 내가 이룬 것은 무엇이며, 놓친 것은 무엇인가? 죽기 전에 꼭 하고 싶은 것이 있는가? 죽은 후에는 무슨 일이 일어날까?'

만약 이 연습이 저속하게 느껴진다면 나는 이렇게 반론을 제기하고 싶다.

"그렇다면 당신은 그토록 좋아하는 피 튀기는 영화 속 장면들을 어떻게 생각하는가?"

죽음의 명상은 저속한 것이 아니다. 우리는 죽음의 명상을 통해 그것이 제아무리 좋은 것이라도 혹은 나쁜 것이라도 영원한 것은 존재하지 않는다는 감각을 익힐 수 있다. 죽음의 명상은 수천 년 전부터 이어져 오는 불교수련일 뿐만 아니라 다른 종교적·철학적 전통에서도 찾아볼 수 있다.

▶ 당신은 믿음이 강한 사람이다. 당신은 신형 BMW 자동차를 믿으며 눈가주름제거시술을 믿는다. 그렇지만 이러한 당신의 믿음은 오직 다중 선택이 존재하는 사회에서만 존속할 뿐이다.

현대 사회는 종교에 대한 믿음을 거의 상실해가고 있다. 믿고 안 믿고는 개인적인 문제일 뿐이다. 모든 것을 통제하려는 욕구에 사로잡힌 세상, 각종 선택사항에 집착해 있는 세상에서 피안에 대한 믿음은 당연한 것이 될 수 없다. 믿으려고 하는 것보다 알려고 하는 것만이 논리적이라고 생각한다. 그러나 모든 것을 알 수는 없는 일이다. 특히 미래에 어떤 일이 닥칠지는 전혀 짐작할 수 없다. 따라서 다가올 미래를 잘 대비하는 것이 중요하다. 이리저리 머릿속으로만 고민하지 말고 일단 행동으로 옮겨보라. 보다 고차원적 질서가 존재한다는 믿음을 가지고, 어려운 일이 닥쳤을 때 당신에게 힘을 주는 것 혹은 죽은 다음에도 그 가치가 사라지지 않을 것을 믿어보라. 무엇이 우리를 기다리고 있는지는 알 수 없으나 당신의 믿음에 한번 이름을 붙여보라. 신에 대한 믿음, 근원적 힘에 대한 믿음, 삶의 의미에 대한 믿음, 사랑의 의미에 대한 믿음……. 그리고 그 믿음과 관련된 서적을 읽어본다. 규칙적으로 기도를 하는 것도 좋다. 이때 살아 있는 사람뿐만 아니라 죽은 자에 대한 묵념도 빠트리지 말자. 고차원적인 것을 믿음으로써 충만한 삶을 만들 수 있다. BMW 자동차와는 비교도 안 될 정도로 삶이 윤택해질 것이다.

▶ 당신은 열네 살짜리 딸 때문에 걱정이 많다. 딸은 검정색 긴 가죽코트에 망사스타킹을 신고 다니며, 머리의 절반은 짧게 밀어버리고 다른 절반은 길게 늘어뜨려 얼굴을 가리고 있다. 코와 혀에는 피어싱을 하고 얼굴은 베이비파우더를 허옇게 칠하고 다닌다.

사춘기는 가볍게 넘길 수 있는 시기가 아니다. 아동기에서 성년기로 넘어가는 과도기는 보통 몇 년에 걸쳐 진행된다. 호르몬의 변화로 인한 육체적·정신적 스트레스는 많은 에너지를 소모시킨다. 청소년 당사자뿐만 아니라 이들의 교육을 담당하는 자들도 힘든 것은 마찬가지이다. 하지만 사춘기는 긍정적인 측면도 가지고 있다. 이 연령대에서는 철학적 비판의 경향이 급속하게 증가한다. 사춘기 청소년은 모든 것을 의구심 어린 시선으로 바라본다. 예를 들면 부모세대의 관습, 사회 전반, 삶의 의미, 자신의 정체성 등에 의문을 제기한다. 그들은 새로운 방법을 사용해 보려 하며, 사물의 근본을 규명하고 싶어 한다. 감수성이 보다 예민한 청소년들은 죽음에 대해서도 고민한다. 당신의 아이는 고딕 문화에 심취해 있는 것으로 짐작된다. 죽음에 대한 의식을 삶의 원칙으로 지향하는 젊은이들, 예민하고 고민이 많은 젊은이들이 고딕 문화를 쉽게 따른다. 검은 복장과 희멀건 얼굴이 무조건 거부감과 우울증을 표현하는 것만은 아니다.

당신의 아이가 고딕 문화에 심취해 있다고 해서 너무 걱정하지 말기를 바란다. 아이에게 일어나는 현상을 부끄러워할 필요도 없다. 오히려 아이가 인습적이고 강제적인 삶의 궤도에 반항하고 있다는 것을 자랑스럽게 여겨야 한다. 교육, 직업, 결혼, 출산 등의 사회적 관습은 언제든 따를 수 있는 것이다. 그러니 아이에게 조금은 삐딱하게 나갈 수 있는 자유를 허용하라. 심오한 주제에 접근하려는 아이의 마음을 십분 활용해보자. 유한성과 영원성에 대해서 아이와 토론할 수 있는 기회를 가져보라. 그리고 아이와 함께 존재와 비존재의 근본에 대해 흠뻑 빠져보라.

이 철학 실천이 잘 이루어지면 당신은 의미 가득한 삶으로 나아가는 길을 미리 알아볼 수 있을 것이다. 그동안의 과대망상을 떨쳐내고, 죽음이 당신에게 아무런 피해를 주지 않을 거라고 생각하게 될 것이다. 또 50세가 훌쩍 넘은 사람을 더욱 존경스럽게 바라보고, 더 겸손해지는 법도 배울 것이다.

4
시간 _
'지금 여기'가 가장 중요하다

추측의 시간이 오면 가능의 시간은 사라진다.
-마리 폰 에브너에셴바흐(Marie von Ebner-Eschenbach)

· · ·

시간이란 무엇인가? 누군가 이런 질문을 던지기 전까지 우리는 시간이 무엇인지 알고 있다고 생각한다. 하지만 막상 이런 질문을 받고 설명을 하려고 하면 말문이 막힌다. 대답할 수 있는 것이라고는 그저 시간이 아주 많다거나 시간이 너무 없다는 말뿐이다. 시간이 부족하다는 것을 무조건 나쁘다고 말할 수는 없다. 오히려 한창 잘 나갈 때에는 시간이 없다는 것이 자랑거리가 된다.

휴대전화는 안 그래도 부족한 시간을 더욱 잘게 쪼개주는 역할을 한다. 혼자 있는 시간에 휴대전화가 울리면 자신을 위한 시간을 더 이상 가질 수 없다. 또 사람들과 함께 있을 때 휴대전화가 울리면, 함께 있는 사람들에게 시간을 내지 못하거나 반대로 전화를 건 사람에게 시간을 내지 못한다. 휴대전화가 자주 울릴수록 시간은 점점 줄어든다. 그런데 시간이 없어질수록 성공적인 사람이 된다. 그래서인지 우리는 시간이 부족한 사람은 유능한 사람으로, 시간이 남는 사람은 불필요하고 쓸모없는 사람으로 간주해버린다.

따라서 시간이 많아지면 그 시간들이 빨리 지나가기를 기다린다. 그리고 시간이 다시 부족해지도록 많은 일을 하려고 한다. 눈이 아플 때까지 DVD를 보거나 백화점을 돌아다니며 쇼핑을 한다.

시간이 너무 많다는 것은 일종의 고통이다. 시간이 점점 더 많아질

수록 자신이 더 가치 없는 사람이 된 것처럼 느낀다. 이런 생각이 우리에게 스트레스를 준다. 그래서 우리는 되도록 빨리 분주한 삶을 되찾으려 한다. 미완의 장편소설 《푸른 꽃Heinrich von Ofterdingen》으로 유명한 독일의 시인 노발리스(Novalis, 1772~1801)는 "인생이 길어야 하는 곳에서는 짧고, 짧아야 하는 곳에서는 길다."라고 말하기도 했다.

이것이냐 저것이냐의 양자택일을 하는 이유는 시간이라는 괴물 때문이다. 이 시간 괴물이 하는 일이라고는 그 거대한 입으로 바로 지금의 이 순간을 빨아들이는 것이다. 우리의 생각이 대부분 미래나 과거에 빠져 있는 것도 바로 이 때문이다. 우리가 언제나 만족감을 얻지 못하는 이유도 앞으로 해야 할 것에 대해서 끊임없이 생각하기 때문이다. 또 지금 당장 해야 하는 일이 무엇인지 생각하지 않고 이런저런 다른 생각에 빠진다. 지금까지 저질렀던 실수, 좀더 잘할 수 있었을 것 같은 일, 예전이 훨씬 더 나았던 일을 끊임없이 떠올린다. 그러면서도 지금 이 순간에 대해서는 생각하지 않는다. 차분히 마음을 가라앉힌 상태에서 바람이 일고 구름이 움직이는 모습을 볼라치면 시간 괴물은 아가리를 벌려 그 순간을 빨아들인다. 그러면 우리의 생각은 다시 몇 곱절 불어난다.

"일단 다음 두 주를 잘 버티자. 먼저 체중을 좀 줄여야 해. 먼저 아이들을 집중적으로 돌봐야 해. 먼저 건강을 회복해야 해……."

이런 생각 뒤에 또 다른 생각이 덧붙는다.

"그러면 지금의 상태에서 해방되겠지. 그러면 제대로 쉴 수 있겠지."

물론 생각한 대로 행동하는 것은 결코 쉽지 않다. 쉴 수 있는 시간이 많아진다는 것은 시간이 많이 남는다는 것을 의미한다. 시간이 너무 많이 주어지다 보면 자신이 비효율적인 존재가 되었다는 양심의 가책까지 느끼게 된다.

인간은 아주 오래 전부터 시간 괴물과 사투를 벌여 왔다. 고대 그리스인은 이 괴물을 크로노스(Cronus)라고 불렀다. 그리스 신화에 등장하는 크로노스는 시간을 지배하는 신으로서 매우 잔혹했다. 동시에 영원한 시간을 의미하는 크로노스(Chronos)를 상징적으로 표상하기도 했다. 크로노스는 먼저 아버지의 왕위를 빼앗았다. 그리고는 이와 똑같은 일이 자신에게 일어나지 않도록 태어난 자식들을 차례로 삼켜버렸다. 크로노스가 자식들을 잡아먹는 행위는 시간의 속성을 나타낸다. 세상에 태어난 모든 존재는 시간이 지나면 반드시 죽게 된다는, 시간의 파괴적인 속성을 말이다. 그런데 막내인 제우스만은 어머니의 지략으로 이 운명에서 벗어날 수 있었다. 그리고 훗날 최고의 신이 된다.

시간 괴물 크로노스는 만성(chronic, '만성적인'이라는 뜻으로 'Chronos'에서 유래함-역주) 불만과 만성 스트레스, 만성 질병에 시달렸다. 그런데 제우스의 막내아들이자 크로노스의 손자인 카이로스(Kairos)가 구원의 손길을 내밀었다. 카이로스는 한번 지나가면 돌이킬 수 없는 기회의 신이다. 카이로스는 앞머리는 길고 뒷머리는 맨들맨들한 대머리인데다, 어깨와 발뒤꿈치에는 날개가 달려 있다. 긴 앞머리는 사람들이 쉽게 붙잡을 수 있도록 하기 위함이고, 뒷머리가 대머리인 것은 지나가면 다시 붙잡지 못하도록 하기 위함이며, 어깨와 발뒤꿈치의 날개는 가능한 한 빨리 사라지기 위함이다. 이러한 카이로스를 붙잡는 자만이 시간의 소용돌이에서 빠져나올 수 있다. 반면 돈, 사회적 지위 같은 외적인 것에 몰두하는 사람은 크로노스의 거대한 아가리 속으로 빠져 들어가고 만다.

 어떻게 하면 이 시간 괴물을 이길 수 있을까? '시간관리', '일과 생활의 조화', '속독법' 같은 상투적인 제목의 강연을 듣는다고 될 일은 분명히 아니다. 몇 시간에 걸친 지루한 프레젠테이션이나 강연자의 자서전적 일화를 들으면서 인생을 새롭게 정비할 수 있다는 생각은 단순한 추측에 불과하다. 이런 강연의 유일한 효과는 양심의 가책을 그저 일시적으로 억누른다는 것이다. 무엇이 중요하고 무엇이 절박한지에 대한 가르침은 더 이상 필요치 않다. 우리는 이것을 이미 알고 있다. 또 우리에게 필요한 것도 이미 충분히 갖고 있다.

로마 제정기의 스토아 철학자 세네카(Seneca)는 우리에게 '시간을 대하는 자세'를 알려준다. 세네카는 기원후 65년 네로 황제의 명으로 자살을 하기 전에 고대그리스 철학을 집중적으로 탐구했다. 그는 자신의 에세이 《인생의 짧음에 관하여 De Brevitate Vitae》에서 인간이 항상 망각하는 근본적인 문제를 지적했다.

"사람들은 재산을 지킬 때에는 인색하면서도 시간을 낭비하는 일에는 너그럽지요. 시간에 관한 한 탐욕이 정당한데도 말이지요. …… 자, 이제 그대의 인생을 결산해보십시오! 그 시간 가운데 얼마만큼을 채권자가, 애인이, 보호자가 빼갔는지 그리고 얼마만큼을 배우자와 싸우는 일이, 노예를 다스리는 일이, 시내를 바쁘게 돌아다니는 일이 빼갔는지 계산해 보십시오! 거기에다 우리의 잘못으로 생긴 병에 시달린 시간과 쓰지 않고 버려두었던 시간을 보태시오. 예상보다 적은 햇수가 남는 것을 그대는 보게 될 것이오. …… 기억을 더듬어 보십시오! 얼마나 많은 사람이 그대가 무엇을 잃었는지도 모르는 사이 그대의 소중한 것들을 앗아갔는지, 근거 없는 괴로움과 어리석은 즐거움과 탐욕스런 욕망과 매력적인 교제로 얼마나 많은 것들을 잃었으며, 결국 그대의 것 중에서 얼마나 적은 것이 남아 있는지 말이오. 그러면 그대는 때가 되기도 전에 자신이 죽어가고 있음을 알게 될 것이오."

그러면서 세네카는 경고했다.

"많은 사람이 이렇게 말하는 것을 그대는 듣게 되겠지요. '나는 쉰 살이 되면 은퇴해 한가하게 살 것이며, 예순 살에는 모든 공적인 의무에서 벗어날 것이오.' 그런데 그대가 장수한다는 보장이 어디 있지요? 모든 것이 그대의 뜻대로 진행된다고 누구에게 확인받았지요?"

그는 또 다음과 같이 말했다.

"회색 머리와 주름은 오래 살았다는 증거가 되어서는 안 되오. 회색 머리와 주름이 있는 사람은 오래 산 것이 아니라 그저 오랫동안 생존한 것일 뿐이오."

이제 이러한 세네카의 인식으로부터 올바른 결말을 끌어내야 한다. 즉 우리가 해야 할 유일한 일은 게을러지는 법을 배우는 것이다. 철학적 관점에서 말하는 게으름이란, 수동적으로 아무것도 하지 않음을 뜻하는 것이 결코 아니다. 여기서의 게으름은 해야 할 일을 미루는 것이 아니라, 바람직하다고 생각하는 일을 바로 지금 하는 것을 뜻한다. 다시 말해 게으름이란 능동적인 선택과 의도, 그 순간이 포함된 개념이다. 철학이나 문예학에서는 게으름이라는 표현보다 여유라는 표현이 더 자주 사용된다. 여유라는 단어는 고고 독일어에서 유래된 말로, 원래는 적절한 순간에 어떤 것을 할 수 있는 기회나 가능성을 의미한다. 하지만 우리는 유감스럽게도 지금 어떤 것을 할지 모를 때가 많다. 그저 앞으로 해야만 하는 일에 집착할 뿐이다.

나에게 자문하러 왔던 여성 의뢰인 역시 자신이 무엇을 해야 좋을지를 알지 못했다. 45세의 세무공무원이었던 그녀는 번아웃 신드롬(burnout syndrome, 오직 한 가지 일에 몰두하던 사람이 신체적·정서적인 극도의 피로로 무기력증이나 자기혐오, 직무거부 등에 빠지는 증후군. '탈진 증후군'이라고도 함-역주)에 시달리다 나를 찾아왔다. 그녀는 의자 끄트머리에 아주 뻣뻣하게 앉아 있었다. 내가 입을 열기도 전에 그녀는 내 손에 종이 뭉치를 쥐어 주었다. 그녀의 이력서, 의료기록, 모빙(mobbing, 직장 내에서의 정신적 테러를 가리키는 용어-역주)에 관한 소송 기록 들이었다.

그녀가 말을 꺼냈다.

"우선 먼저 이 서류들을 읽어보세요."

"무슨 일인지 직접 말씀해 주시는 것은 어떤가요?"

"그러면 너무 주관적인 이야기가 될 거예요."

"그러니까 입을 통해 말하는 것은 주관적이고, 문서는 객관적이라는 말씀이신가요?"

"네, 그렇습니다. 저는 확실히 그렇다고 생각합니다."

그녀는 더 이상 아무것도 하려고 하지 않았다. 주변 사람들 때문에, 특히 상사 때문에 깊은 실망과 우울에 빠져 있는 상태였다.

"제 상사는 제가 좀 더 민첩하게 행동해야 한다고 말하죠. 하지만 저는 일단 모든 것을 꼼꼼히 생각해보는 스타일이라서 시간이 더 필요해요."

"그럼 당신은 마쳐야 할 일이 있으면 어떤 식으로 하십니까?"

"저는 저에게 주어진 시간을 완전히 제 스타일로 사용합니다. 저는 계획을 짜는 일에는 아주 능해요. 학교에 다닐 때 사람들이 저를 '계획쟁이'라고 부를 정도였으니까요. 하지만 창의성은 부족해요."

거의 50분 가까이 이야기를 나누면서, 나는 그녀가 세무공무원이 되기 전에 음악밴드에서 보컬로 활동했었다는 사실을 알게 되었다. 음악 이야기를 하는 동안 그녀의 경직된 분위기가 갑자기 가라앉았다. 심지어 아주 부드러운 웃음을 짓기 시작했다. 내가 물었다.

"그럼 주말에는 뭘 하세요?"

"토요일에는 힘이 빠져서 아무것도 하기 싫어요. 점심때까지 집에서 잠옷 바람으로 돌아다녀요."

이 시점에서 나는 세네카와 게으름의 의미를 끌어들여야겠다고 생각했다. 나는 그녀에게《인생의 짧음에 관하여》를 소개해주었다. 그녀가 이 책을 읽은 다음에는, 적어도 주말 동안엔 꼭 해야만 하는 일로부터 해방감을 느끼면서 무슨 일을 하면 좋을지 객관적으로 생각할 수 있게 되었다. 게으름의 가치를 인식하고 나서부터 모든 것을 꼼꼼히 생각한 뒤 확신을 얻으려는 이전의 행동을 그만두게 되었다. 게다가 그녀는 음악을 다시 시작했다.

인간은 어릴 때 오히려 상황에 따라 적절하게 잘 대처한다. 다시 말해 아이일 때에는 생기 있게 살아 움직인다. 울기도 하고 웃기도 하며 실컷 게으름을 피우기도 한다. 그러나 나이가 들수록 여유는 점점 사라진다. '너무 많다' 혹은 '너무 적다'라는 판단과 그에 따른 스트레스가 우리를 갉아먹기 시작한다. 성인이 되는 순간 시간 괴물의 손아귀에서 빠져나오지 못하게 된다. 시간 괴물은 우리의 시간과 삶을 갉아먹고 우리를 쉴 새 없이 딸그락거리는 기계적 인간으로 만든다.

《지킬 박사와 하이드 씨》로 유명한 영국 작가 로버트 루이스 스티븐슨(Robert Louis Stevenson, 1850~1894)은 이렇게 말했다.

"지나친 부지런함은 생동감이 부족하다는 증거이다. 일에서 인생의 의미를 찾는 가련한 생명체가 있다. 이 생명체를 땅이나 배 위에 데려다 놓으면 이들은 자신의 책상을 그리워할 것이다. 그들은 호기심이 전혀 없으며 자유분방하지 못하며, 자기 자신에 대해 만족할 줄을 모른다. 그들이 사무실에 가지 않는다면 세상은 그들에게 무의미한 것이다. 그들이 기차에서 한 시간을 기다려야 한다면 그들은 뜬 눈으로 잠을 잘 것이다."

시간 괴물의 손아귀에 잡혀 살아간다면 '이렇게도 할 수 있었을 텐데…….', '만약 이렇게 했더라면…….'이라는 생각이 아주 편협한 시각임을 알아차리지 못한다. 생각은 언제나 다른 생각으로 이어질 뿐, 본질적인 것을 결코 포착하지 못한다. 본질적인 것은 감각을 통해 머리에 도달한다. 본질적인 것은 출생과 죽음, 사랑처럼 생각의 외부에 존재하는 비밀이다. 본질적인 것이 결여된 삶은 아주 메마른 삶이다. 그런데도 대부분의 사람들은 본질적인 것 없이도 인생을 잘 살 수 있을 거라고 생각한다.

우리는 생각에 중독되어 있다. 추상적인 생각일수록, 기계적인 생각일수록 완고한 생각일수록 그 생각에 젖어 버리고 만다. 그 외에 어떤 것도 보거나 듣거나 느끼려 하지 않는 것이다. 또 생각을 흔들리게 하는 어떤 것도 허용하지 않는다. 인간은 생각 때문에 스트레스를 받고, 또 생각 때문에 바로 눈앞에 지나가는 좋은 기회를 놓치고 있다.

스트레스를 받으면 해야 할 일에 대해서만 신경을 쓰게 되고, 해보면 좋을 일에는 별로 관심을 기울이지 않게 된다. 즉 감동이나 감흥을 주지 않는 일, 깊이 생각할 필요가 없는 일에만 관심을 갖는다. 시간 괴물은 우리가 이미 알고 있는 것만을 인식하도록 한다. 궁금증을 자아내는 새로운 것들은 완전히 우리의 시야 밖으로 밀어내도록 말이다.

매일 아침, 직장에 가면서 지나치는 나무가 있다고 가정해보자. 나무와 직장 사이의 거리는 500미터쯤 된다. 걸음을 옮길 때마다 그 거리는 점점 줄어든다. 걸으면서 오늘 해야 할 업무, 점심시간, 무한히 길게 느껴지는 오후, 베이징으로 떠나야 하는 출장, 다음 주에 계획된 이모댁 방문, 이모의 샴 고양이, 고양이 알레르기에 대해 생각한다. 그런데 어느 날 아침, 여느 때처럼 나무를 지나치다가 나무가 꼭대기에서부터 아래 끝까지 갈라진 것을 보게 된다. 번개에 맞은 모양이다. 이때 갑자기 스트레스를 주는 생각들이 사라지고 다른 생각이 떠오른다. 나무를 보고 놀란다. 그리고 나무를 자세히 관찰한다. 갑자기 머릿속에 의문이 솟아오른다.

'이 나무가 왜 이렇게 됐을까? 왜 예전과 같은 모습이 아닐까? 왜 우리 집 앞에 있는 나무가 아닌 이 나무가 번개에 맞은 걸까? 왜 이 나무가 지금 이토록 나를 사로잡는 것일까? 이것은 단순히 우연이란 말인가? 아니면 이 나무가 내 인생과 어떤 관련이라도 있다는 말인가?'

이 모든 의문들이 삽시간에, 그것도 거의 인지하지 못할 정도로 순식간에 머릿속을 스쳐간다. 그리고 이내 익숙한 생각들을 다시 떠올린다. 아주 짧은 시간 동안 평소의 경직된 생각에서 벗어나 더 중요해 보이는 생각들에 사로잡힌 것이다. 만약 그럴 만한 시간이 있었다면 더 생각하려고 했을 것이다. 하지만 아쉽게도 시간은 늘 부족하다. 이렇게 우리는 생각만 하다가 하루하루를 그냥 흘려보내고 있다.

이제 싸울 준비를 해야 한다. 누구나 시간 괴물과의 싸움에서 이길 수 있다. 승리를 이끌 무기는 이미 가지고 있다. 그것은 고도로 복잡한 사회에서 여전히 우리에게 남아 있는 가장 인간적인 특성이기도 하다. 이 특성들은 모두 일정한 관계를 맺고 있다. 하나의 특성이 다른 특성으로 연결되는 것이다.

게으름 = 여유 → 인내심 → 솔직함 → 호기심 → 창의력 → 활력

게으름에는 능동적 게으름과 수동적 게으름이 있는데, 그중 능동적 게으름이 바로 여유라는 개념과 상통한다. 한편 수동적 게으름은 능동적 게으름보다 훨씬 더 만연해 있으며, 이는 바람직한 결과로 이어지지도 않는다.

게으름 = 아무것도 안 함 → 지루함 → 우울증
→ 약물남용, 알코올중독 같은 행동장애

위와 같은 인과관계는 의미에 대한 좌절감과 관련이 있다. 이는 완벽함과 부지런함, 계획과 통제가 의미로 이어지지 않았음을 제대로 알고 있으면서도 더 이상 올바른 결과를 끌어내지 못하는 사람들에게서

흔히 나타난다. 아무것도 하지 않는다고 해서 불만이 줄어들기는커녕 오히려 증대된 셈이다.

철학 상담 4:

시계 속의 시간 잊기

무조건 시간을 아낀다고 해서 시간을 얻을 수 있는 것은 아니다. 시간을 예치해둘 수 있는 계좌가 있는 것도 아니며, 저축해놓는 시간은 결국 사라진 시간과도 같다. 시간을 저축하면 그 이자로 스트레스를 얻을 뿐이다. 행복을 느낄 때 시간통장의 잔고는 0이 된다. 그러나 우리는 점점 더 많은 것을 저축하려고만 할 뿐 저축한 것에서 즐거움을 느끼지 못한다. 시간은 많아지기는커녕 점점 줄어든다. 시간을 재기 위해 아주 많은 시계를 차고 다닐 수도 있고, 시간을 쪼개기 위해 아주 많은 휴대전화를 사용할 수 있다. 그러나 아무리 최고의 타이밍을 맞춰 간다고 해도 줄어드는 인생의 시간을 막을 수는 없다.

시간에 쫓길수록 기계 같은 인간이 될 수밖에 없다. 언제나 마음속으로 '견뎌야 한다.'를 외치고, 남이 인정해줄 때까지 인간이라는 기계는 최상으로 작동한다. 그러다가 본인도 미처 인식하기 전에 다른 사람이 먼저 오작동을 발견한다. 오작동은 다름 아닌 신경과민, 의사소통능력 상실, 산만함, 기억망각, 본질적인 것에 대한 집중력 부족, 조화롭지 못한 행동, 무절제한 과식과 과음 같은 것이다. 다른 사람 앞에서 그토록 완벽하게 보이도록 신경을 썼음에도 오작동이 발견되었다니 참 부끄러운 일이다.

다른 사람들 앞에서 웃음거리가 되지 않으려면 적절한 타이밍을 포착할 줄 알아야 한다. 그러려면 몇 가지 연습이 필요하다. 워밍업 단계로 추천할 수 있는 것은 '일시정지'이다. 주말이 코앞에 다가오면 모든 시계를 멈추게 한다. 시간을 알려주는 LED 화면이 부착된 모든 전자기기의 코드를 빼놓는다. 그리고 휴대전화, 노트북처럼 포기할 수 없다고 생각하는 모든 기기를 멀리 제쳐둔다. 삶을 버겁게 만드는 모든 것을 가방이나 장롱 속 깊은 곳에 넣어둔다.

방금 당신이 한 행동을 의식하라. 이런 행동들은 뛰어난 상징력을 가지고 있다. 그런 다음 일단 욕조에 뜨거운 물을 받아 몸을 담근다. 그리고 눈을 감고 야자수 아래에서 졸린 눈을 비비며 코코넛이 떨어지기를 바라는 남태평양 어느 섬의 원주민을 생각한다. 메일함에 들어와 있을 편지를 생각하느라 느긋함을 잃어서는 안 된다. 손가락 끝이 쪼글쪼글해질 때까지 욕조에서 나오지 않는다. 목욕을 끝내야 하는 적절한 타이밍이 올 때까지 기다린다. 일요일 저녁까지는 아직 시간이 많다. 그 시간 동안 느긋하게 다른 연습에 몰두할 수 있다. 이제 몇 가지 예를 들어보겠다.

▶ 당신은 자신만의 사고에 갇혀 살고 있다. 끊임없이 동요하는 생각 때문에 한시도 가만히 있을 수가 없다. 여가시간에도 편하게 아무것도 하지 않으면서 느긋하게 지낼 수가 없다. 집에 가만히 있으면서 게으름을 피우느니 자동차를 몰고 몇 시간이고 여기저기 돌아다니는 편이 낫다고 생각한다.

당신은 생각만 하느라 인생에서 무엇이 정말 중요한지를 잊고 사는 듯하다. 당신은 자신이 무엇을 위해 존재하는지 모른다. 시간을 절약하기 위해서 당신이 존재하는 것은 분명히 아니다.

"그는 언제나 자신에게 주어진 일만 했다. 그는 지속적인 스트레스 때문에 친구들을 살필 겨를이 없었다. 그는 시간에 잡아먹혔다.……" 이렇게 사람들에게 당신이라는 사람이 능률성, 타이밍, 시간절약과 같은 가치로 기억되어야 할까?

일단 자신의 내부세계로 들어가 진정한 삶의 목적이 무엇인지 기록해 보라. 추도사를 직접 써 본다거나 죽기 전에 기억해야 할 것을 적어보는 것도 좋은 방법이다. 추도사가 완성되었다면 그것을 봉투에 넣은 다음 수신자란에 바로 자신의 주소를 써본다. 그리고 지인에게 그 편지를 6개월이나 12개월 뒤에 발송해달라고 부탁한다. 편지가 도착하면 추도사를 다시 한 번 읽어보고 자신의 인생에 대해 한 번 더 곱씹어본다.

▶ 당신에게 음식은 자동차에 넣는 연료와 같다. 에너지를 충전하기 위해 하루에 세 번 음식물로 위를 가득 채운다. 그런데 배우자가 그날 무엇을 먹었는지 당신에게 물어보면 생각이 나지 않아 머리를 긁적이고 만다.

그렇다면 주의력을 요하는 불교의 명상을 시도해보자. 아니면 음식을 조심스럽게 먹는 법을 훈련해보자. 예를 들면 곰돌이모양 젤리를 가지고 연습을 하는 것이다. 먼저 젤리를 손등에 올려놓고 색깔과 모양에 집중한다. 젤리와 관계없는 생각은 모두 떨쳐버린다. 젤리가 만들어지기까지 애를 쓴 모든 사람들을 떠올려본다. 이제 젤리를 조심스럽게 혀 위에 올려본다. 아직은 씹지 말고 혀로 젤리의 형태를 느껴본다. 젤리를 부드럽게 360도 굴려본다. 그런 다음 천천히 씹어보라. 그리고 젤리를 삼키기 전에 마지막으로 작별인사를 건네보라.

답답해서 미칠 것 같은 마음이 싹 사라질 정도로 이 연습에 적응이 되었다면 식사시간마다 적용해본다. 아마 당신의 기억력은 현저하게 좋아질 것이다. 그 주에 먹었던 모든 채소들을 하나하나 기억하게 될 것이다. 또한 식기를 반짝반짝하게 닦을 수 있는 시간과 여유가 생길 것이다.

이 철학 실천이 잘 이루어지면 당신은 드디어 시간의 비밀을 알아차리게 될 것이다. 시간에 잡아먹히지 않는 한 시간은 당신의 편이라는 사실도 깨닫게 될 것이다. 또 시간에 대해 잊을 수 있는 순간들이 점점 많아질 것이다.

5
웃음 _
존재의 무거움과 지루함을 벗다

웃음은 팽팽한 기대가 갑자기 아무것도 아닌 것으로 바뀔 때 나온다.
-임마누엘 칸트(Immanuel Kant, 1724~1804)

∙∙∙

우리는 다른 사람들이 웃는 것을 보고 함께 웃는다. 그러면서 소속감을 느낀다. 함께 웃을 수 없는 사람은 함께 속한 사람이 아니다. 중요한 것은 함께 웃는다는 것이다. 모든 웃음은 암묵적인 동의를 바탕으로 하며, 함께 웃는 모든 사람들의 결탁이다. 무엇 때문에 웃는지는 별로 중요하지 않다. 중요한 것은 그 웃음으로 유쾌해진다는 것이다. 우리는 기본적으로 언제나 웃을 준비가 되어 있다. 이미 충분히 슬픈 인생에서 왜 웃을 일을 마다하겠는가?

웃음은 울음처럼 인간에게 기본적으로 주어진 장치이다. 웃는 얼굴은 심각한 얼굴보다 훨씬 더 인간적으로 보인다. 이것은 정치, 사회, 경제를 비롯한 모든 영역에 해당된다. 사람들은 국회의원이 미간을 찌푸리면서 짜증을 내거나 무뚝뚝하게 앞만 응시하고 있을 때보다 환하게 웃을 때 호감을 가진다. 그 국회의원이 어떤 정치적 발언을 하는지와 상관없이 일단 그의 웃음에 스며 있는 여유로움이 편안하다고 느끼는 것이다. 여기서 끌어낼 수 있는 결론은 다음과 같다. 웃음은 누군가를 의심하려 드는 마음과 부정적인 사고를 미연에 방지할 수 있다는 것이다. 예를 들어 저명한 펀드 매니저가 경쾌한 웃음을 지어 보이면, 도회의 날카로운 이미지를 잠시나마 깰 수 있으며, 그도 우리와 같은 사람이라는 인상을 갖게 한다. 이처럼 주변 사람들의 웃음은 우리의 삶에 결정적인 영향을 미친다.

　더 구체적인 예를 들어보자. 안나가 친한 친구들과 함께 예쁘게 웃는 모습을 보고 페터도 함께 웃는다. 페터가 웃는 결정적인 이유는 안나가 무엇 때문에 웃는지가 아니라 그녀가 웃는다는 사실 때문이다. 또 페터가 안나에게 호감을 느끼는 것은 그녀가 특정한 어떤 것에 대해서 웃기 때문이 아니라 그저 웃는다는 것 때문이다. 안나와 페터는 함께 웃으면서 즐거워한다. 그리고 즐거움을 느끼는 동안 근심거리들이 사라진다. 그들은 이러한 편안한 분위기에서 사랑에 빠지고 얼마 후에 결혼을 한다. 그렇게 그들은 한동안 아주 행복하게 산다. 그러나 언젠가부터 그들이 함께 웃는 횟수가 점점 줄어든다. 그들은 웃을 때 더 이상 함께 웃지 않는다. 무언가가 잘못되어 가고 있는 것이 분명하다. 무엇이 잘못된 것일까? 이 문제를 철학적으로 규명해보자.

　우선 인간이 왜 웃는지에 대해 자세히 살펴봐야 한다. 이것은 결코 어리석은 질문이 아니다. 물론 다른 사람이 웃는다고 해서 웃는 것만은 아니다. 뭔가 재미있는 것을 발견했기 때문에 웃는 것이다. 좀더 정확하게 표현하자면, 어떤 특정한 지점에서 무언가가 웃기다고 생각하기 때문에 웃는다. 예를 들어, 누군가가 닭뼈에서 생기는 광우병에 대해 혼자 떠들다가 갑자기 사레들리면 우리는 웃게 된다. 또 어떤 사람이 '내리다'라는 말을 '내라다'라고 잘못 발음할 때 웃는다. 약속시간에 항상 일찍 오던 동료가 정작 본인의 결혼식에 지각할 때 웃는다. 또 어떤 사람의 뒷모습을 보고 다른 사람의 뒷모습과 혼동할 때에도 웃으며, 똑같은 사람을 우연히 하루에 세 번씩이나 만날 때에도 웃는다. 즉 코미디에서나 나올 법한 우스꽝스러운 상황이나 허구적 시나리오가 실제의 삶에서 전개될 때 웃음이 터진다.

웃음은 사회적인 맥락 속에서 발생한다. 웃음을 불러일으키는 것은 인간 그 자체이다. 따라서 사람들이 많이 모여 있을수록 웃음이 나올 일도 많아진다. 물론 혼자서도 웃는 경우가 있으나 사회적인 맥락 속에서 우스운 것 혹은 웃을 만한 가치가 있는 것을 뚜렷하게 인식하지 못한다면 결코 웃을 수 없다.

프랑스의 철학자이자 노벨문학상 수상자인 앙리 베르그송(Henri Bergson, 1859~1941)은 1900년에 출간한 자신의 저서 《웃음 Le rire》에서 다음과 같이 쓰고 있다.

"길거리를 달리고 있던 한 남자가 비틀거리다 넘어진다. 이를 본 행인들이 웃음을 터뜨린다. 만약 그가 갑자기 땅바닥에 주저앉을 생각으로 그랬다는 것을 사람들이 가정할 수 있었다면 그들은 웃지 않았을 것이다. 사람들은 그가 본의 아니게 주저앉게 되었다는 사실 때문에 웃는 것이다. …… 이제 사소한 일에도 수학적인 정확성을 가지고 임하는 한 사람이 있다고 가정해 보자. 그런데 그의 물건들에다가 한 짓궂은 장난꾸러기가 장난을 쳐놨다고 해보자. 그리하여 그가 펜을 잉크병에 담갔다 빼면 거기에서 진흙이 나오고, 단단한 의자에 앉는다고 생각하고 앉지만 의자 다리가 부러지는 바람에 마룻바닥에 넘어지는 등 결국 엉뚱하게 행동하고 말았다. 이것은 그가 너무도 익숙한 속도로 몸을 움직였기 때문이다. 바로 그 속도와 움직임이 습관화되었던 것이다. 그는 행위를 중단하거나 바꾸었어야 했다. 그러나 그렇게 하지 못했다. 몸이 기계적으로 움직인 것이다. …… 이 두 경우에 있어서 우리를 웃게 하는 것은 세심한 융통성과 민첩한 유연성이 요구되는 상황에서 드러나는 기계적인 경직성이다."

베르그송에 따르면, 웃음은 그냥 어떤 것이 우습다고 해서 나오는 것이 아니다. 웃음은 특정한 기능을 가지고 있다. 그 기능이란 경험상 기대되는 것이 자유의지와 상관없이 붕괴되었다는 것을 폭로해주는 것을 말한다. 예를 들어 만나려는 사람이 아닌 엉뚱한 사람을 만났을 때, 똑같은 사람을 세 번씩이나 만나리라고는 전혀 기대하지 않았는데 그런 일이 일어날 때 우리는 웃음이 난다.

요즘 코미디에서는 연기자가 바보처럼 행동하는 '바보 연출'이 주를 이룬다. 주인공의 지능이 모자라서가 아니라 상황이 그를 바보로 만들 수도 있다. 일단 코미디 프로그램이 시작하면 사람들은 누가 바보이든지 상관없이 웃기 시작한다. 일단 웃음이 터지면 더 이상 어떻게 할 수가 없다. 연출된 바보가 입은 옷, 말과 몸짓을 보고 숨이 넘어갈 정도로 웃음을 터뜨린다. 웃는 동안에는 이성이 완전히 제기능을 상실하기 때문에 주인공이 표현하는 모든 것이 우습다고 생각한다. 그래서 우리는 우리를 일상으로부터 탈출시키고 편한 마음을 가질 수 있도록 해주는 코미디언이 아주 고마운 존재라고 생각한다.

독일의 여성잡지 〈리자Lisa〉가 최근에 설문조사한 결과를 보면, 남성의 87퍼센트, 여성의 91퍼센트가 자기 자신에 대해 웃을 수 있다고 대답했다. 또 네 명당 한 명꼴로 남을 비웃거나 남의 불행을 볼 때 기쁘다고 고백했다. 이러한 발언은 현재 방영되고 있는 코미디 프로그램의 시청률이 높다는 것과도 관련성이 있다. 이런 유형의 코미디가 성공한 이유는 우스꽝스러운 내용도 있거니와 그 웃음이 기본적으로 비웃음을 내포하고 있기 때문이다. 앙리 베르그송은 이렇게 말했다.

"웃음의 가장 큰 적은 감정이다. 타인에게 동정이나 애정을 느끼는 사람들이 웃을 수 없다고 주장하려는 것이 아니다. 그렇지만 그러한 애정과 동정을 잠시 억눌러야 할 것이다."

우스운 바보가 등장하는 순간 사람들은 동정심을 잠시 제쳐둔다. 만약 우리가 그의 입장이 되어 비웃음을 당하고 수치심과 좌절감을 느껴본다면 절대로 웃지 못할 것이다. 어떤 사람을 보고 웃을 때, 그 웃는 순간만큼은 그 사람을 '인간 역할'을 하는 마리오네트 인형으로 간주한다. 하지만 우리 자신이 그런 마리오네트 인형이 된다면 상황은 완전히 달라진다. 이론적으로 따져보면 대부분의 사람들이 자기 자신에 대해서도 웃을 수 있을 거라고 생각한다. 하지만 실제로 그런 상황에 맞닥뜨리면 완전히 자기연민에 빠져서 자신에 대한 냉정한 거리감을 갖지 못한다.

우리는 웃음을 좋아하는 만큼 비웃음 역시 좋아한다. 물론 될 수 있으면 도덕적인 관점을 가지려 하기 때문에 우리가 비웃음을 즐긴다는 사실을 인정하는 것은 더욱 어렵다. 사회적 관습을 어기고 사회적 기대를 무시하는 모든 사람에게 웃음은 가치판단의 잣대가 된다. 웃음은 웃는 자만을 자유롭게 하며, 반대로 비웃음을 당한 자는 속박의 대상이 된다. 베르그송은 이렇게 말했다.

"사회는 각 구성원이 자신의 환경을 유념하고 그 환경에 적응할 것을 요구하며, 마치 달팽이집에 갇혀 있듯이 자신의 특성 안에 빠져 살지 말 것을 요구한다. 사회는 구성원 각자에게 처벌의 위협은 아닐지라도 창피함에 대한 두려움이 떠나지 않도록 한다. 그 창피함의 정도가 아무리 경미하더라도, 창피함의 대상이 되는 사람에게 약간의 모욕이 되는 웃음은 진정한 사회적 징벌로 간주될 수 있다."

조금만 깊게 생각해보면 모든 것이 분명해진다. 하지만 앞서 언급한 안나와 페터가 왜 이제는 더 이상 함께 웃을 수 없는지에 대해 대답하기에는 아직 부족한 점이 있다. 우리가 웃는 또 다른 이유는 바로 지루함 때문이다. 안나와 페터가 인기 연예인이나 스포츠인이 아니라 우리와 비슷한 사람이라고 생각해보자. 그렇다면 그들의 일상은 보통 사람들의 일상과 거의 다를 바가 없을 것이다. 흥미로운 사건들이 가끔씩 일어날 뿐, 대부분의 시간이 무미건조하게 흘러갈 것이다. 계획하고 준비하는 데 시간을 사용하고, 하루하루를 그렇게 보내버린다. 그러다가 할 일이 없어지면 심심하고 지루해한다. 지루함이 참을 수 없는 상태가 되면 다른 곳으로 눈을 돌려 새로운 행복을 찾으려고 한다. 이것이 얼마나 어려운 일인지를 프랑스의 철학자 블레즈 파스칼(Blaise Pascal, 1623~1662)은 《팡세Pensées》에서 다음과 같이 쓰고 있다.

"가끔씩 쉴 새 없이 움직이는 사람들을 볼 때, 또 수많은 싸움과 냉정하고 위험한 행동들이 난무하는 궁정과 전쟁터에서 그들이 마주치는 위험이나 괴로움을 볼 때, 인간의 모든 불행이 생겨나는 유일한 원인은 바로 자신의 방에 고요하게 있지 못하기 때문이라고 생각한다."

우리는 지금 당장 전쟁터로 나가지 않아도 된다. 웃음은 지루함을 줄이는 훌륭한 수단이 된다. 같은 상태가 오래 계속되면 재미가 없고

답답해지기 때문에 우리는 어떻게든 지루한 상태에서 벗어나려고 한다. 자기 자신에 대해 웃을 수 있다고 말하는 사람은 많지만, 자신이 지루한 사람이라고 말할 수 있는 사람은 거의 없다.

지루함을 제공하는 장본인은 우리 자신이 아니라 주변 상황과 다른 사람들이다. 부부관계에서는 보통 인간관계에서보다 더 큰 지루함을 느낀다. 배우자가 지루해진 관계를 개선하기 위한 노력을 하지 않는다고 불평하고, 우리를 즐겁게 해주기를 기대한다. 하지만 배우자가 계속해서 기대를 무너뜨리면 다른 방식으로 웃기 시작한다. 배우자와 함께 웃는 것이 아니라, 배우자를 보고 비웃는 것이다. 그렇게 되면 배우자에 대한 감정은 점점 식어간다. 배우자를 향해 웃음을 지으면서 배우자의 자유의지와는 상관없는 바보 역할을 배우자에게 지정해준다. 파트너는 스스로에 대해서 웃을 때에만 바보 역할로부터 해방될 수 있다. 안나와 페터가 서로를 향해서만 웃는다면 더 이상 함께 웃을 수 없다. 두 사람이 다른 방식의 웃음을 알고 있었다면 그런 상황까지 치닫지는 않았을 텐데 말이다.

페터와 안나의 사례를 통해서 웃음이 결혼생활에 도움이 된다는 사실을 확인할 수 있다. 함께 웃는 것이 습관이 되면, 웃음의 도덕성에 대해서도 생각해 봐야 한다. 우리가 보통 다른 사람의 이상하고 다른 점을 환기하기 위해, 즉 다른 사람의 바보 같은 행동을 질책하기 위해 웃는 거라면 인간은 상당히 무정한 존재라고 볼 수 있다. 하지만 인간이 그렇게 무정한 존재였다면 무엇이 비웃음거리가 되는지에 대해 아무런 의심도 품지 않았을 것이다.

많은 사람들이 웃음을 그저 경쾌함이나 자유분방함과 연결시켜 생각하지는 않는다. 베르그송이 말하길, 웃음에는 언제나 '일정량의 신랄함'이 있다.

처벌적 기능을 하는 웃음의 최고 수단은 바로 반어적 웃음이다. 반어는 흥미 위주로 돌아가는 현대 사회에서 중요한 위치를 차지한다. 미리 예상했던 것과는 정반대의 것을 만들어 내는 이 반어는 결코 우습지 않으며, 여러 가지 의미를 지닐 수 있다. 말하자면 진지함과 비(非)진지함 사이를 오가며, 모든 가능성을 열어 놓는다.

철학자이자 문화학자인 베다 알레만(Beda Allemann)은 "반어적인 것은 더 이상 아무런 해결책도 찾지 못하는 협소한 시선의 시야를 넓혀 준다."라고 말했다.

반어적 웃음은 소리가 거의 나지 않는다. 박장대소보다는 아무도 눈치채지 못할 정도의 조용한 웃음에 가깝다. 사람들은 반어를 차갑고 무뚝뚝하며 비인간적이라고 생각하는 경우가 많다. 또한 사람들은 흔히 반어를 조롱이나 조소, 허무주의와 혼동한다. 그런데 반어적인 사람은 인간의 편협함, 관습의 편협함, 의존성 등을 없애려고 감정과 이성을 모두 동원하는 사람이다. 보통 사람들이 순전히 재미있어서 웃는 반면, 반어적인 사람은 아주 진지하기 때문에 웃는다.

최고의 웃음은 반어적 웃음이다. 반어적 웃음만이 존재의 무거움과 지루함으로부터 인간을 구원할 수 있으며, 변화의 용기를 갖게 해준다. 박장대소는 기존의 상황을 확인시켜줄 뿐, 우월한 사람과 열등한 사람의 서열에는 전혀 변함이 없다. 안나와 페터에게 반어를 구사하는 능력이 있었다면 그들은 지금 함께 웃을 수 있었을 것이다. 그들은 자기 자신을 진지하게 여기지도, 중요하게 여기지도 않았다.

그렇다면 반어적인 사람은 왜 웃을까? 그들이 웃는 이유는 해가 비치고 비가 오기 때문에, 또 가난한 사람이 부자가 되고 부자인 사람이 가난해질 수 있기 때문에 웃는다. 또 절대적인 것은 아무것도 없으며 모든 것은 상대적이기 때문에 웃는다. 근본적으로 주어진 것이 완전히 달라질 수 있기 때문에 웃으며, 우리처럼 의존적이라는 것을 알기 때문에, 그리고 의존으로부터 벗어날 수 있다는 것을 알기 때문에 웃는다. 반어적인 사람은 웃으면서 자신을 둘러싸고 있는 짐을 벗어던진다. 일정량의 압박, 고혈압, 부부문제, 몸무게의 변동, 변덕스러운 기분으로부터 벗어난다.

반어적 웃음은 머리와 마음의 기능에 악영향을 주지 않는다. 오히려 새로운 가능성의 영역을 열어두기 때문에 두 영역을 모두 단련시켜준다. 자신이 강압적이고 규율을 아주 잘 지키는 사람이라고 말하면서 입가에 반어적 웃음을 지어보인다면, "나는 이러이러한 사람이다. 하지만 나는 달라질 수도 있다. 자유분방하고 형식에 얽매이지 않는 사람이 될 수 있다. 어쩌면 나는 이미 그런 사람일지도 모른다. 그저 아직 겉으로 드러나지 않았을 뿐이다."라고 자신의 정체를 드러내는 것이다. 이러한 의미에서 반어는 인간이 자기 자신에 대해서 알 수 있는 계기가 되어준다. 즉 가면을 벗고 고정관념이나 굳은 논리를 꿰뚫어보게 하며, 더욱 인간적이 되도록 하며, 더욱 용감하게 해 준다.

상담의뢰인 중에는 행복 따위는 전혀 모른다고 계속 강조하는 사람들이 간혹 있다. 하지만 막상 상담을 하다보면 중간 중간에 자기 자신에 대해 기쁘고 만족스럽다는 말을 하기도 한다. 이것은 분명히 앞뒤가 맞지 않는 말이다. 그럴 때면 나는 달라이 라마(Dalai Lama)의 철학이나 행복예찬론을 극찬하기 시작한다. 그러다가 멈추고 이렇게 말한다.

"참, 당신이 이 이야기에 관심이 없다는 것을 완전히 잊었네요. 당신은 행복 따위는 전혀 모른다고 하셨죠?"

그러면 대부분의 의뢰인들이 반사적으로 웃는다. 그들은 웃음을 통해 자신의 생각이 편협했음을 인식한다. 또 자신의 모순된 발언에 보다 긍정적인 (행복을 긍정하는) 견해로 발전시킬 수 있는 변화의 싹이 들어 있음을 알게 된다. 그리고 자신이 자유롭게 선택할 수 있다는 사실을 깨닫는다. 본인이 원하기만 한다면 다시 행복을 얻을 수 있다는 사실을 알게 된 것이다. 쇠렌 키르케고르는 이렇게 말했다.

"인간에게 어울린다고 할 수 있는 삶은 반어로 시작한다."

철학 상담 5

무의미한 웃음 버리기

더할 수 없이 슬프고 끔찍한 마음을 일시적으로 해소시켜주기만 하는 웃음, 근본적인 불만에 변화를 가져오지 못하는 웃음은 무의미하다. 이러한 숱한 웃음에서 우리가 배운 것이라고는 별로 없다. 그것보다는 자신의 약점과 결함조차 즐겁게 묘사할 줄 아는 반어적 웃음이 우리 삶에 훨씬 유익하다.

또한 우리는 새로운 가능성에 대한 여지를 남겨 둬야 한다. 그렇지 않으면 주변 상황과 타인에 대해 편협한 해석만 내놓게 된다. 그리고 타인의 생각과 고통을 이해할 수 없게 되고, 나를 잊고 일상으로부터 일탈하는 것이 불가능해지며, 결국 웃음을 선사해주는 그 어떤 것도 발견하지 못하게 된다. 자신의 인생이 본의 아니게 바보 인생이 되지 않도록 유의해야 한다.

사람들은 의미 있는 행위를 하기 위해 전화벨 소리 같은 무의미한 것들로부터 종종 벗어나고 싶어 한다. 그런데 그저 의미 있는 행위를 하려는 것이 아닌 더 나은 어떤 것을 기다린 것이라면 문제가 된다. 우리는 무의미한 웃음은 이제 그만 멈추고, 눈앞의 현실을 직시해야 한다. 타성에 젖은 무기력한 태도를 벗어던지고 주도권을 잡을 차례다. 이제 몇 가지 예를 들어보겠다.

▶ 당신은 쉽게 지루함을 느낀다. 지루함에서 벗어나기 위해 친구들에게 전화를 걸어 만난다. 모임에서 즐거운 시간을 보내다가 집으로 향한다. 하지만 집에 돌아오면 다시 지루해진다.

함께 웃어주는 친구들과 집이 있다는 것은 큰 특권이다. 즐거움을 위한 수천 개의 선택사항이 있는데도 지루한 것이 아니라, 바로 그 선택사항 때문에 지루한 것임을 알아야 한다. 친구에게 전화하는 대신 극장에 가거나 쇼핑을 할 수도 있다. 그 외에도 많은 선택가능성이 있다. 이러한 인식이 확대될수록 반어적 웃음은 훨씬 쉬워질 것이다. 즉 변화할 수 있는 용기, 진지함과 비진지함을 자유롭게 오가는 능력을 지닌 사람으로 변모하게 될 것이다.

▶ 당신은 정리벽이 있는 사람이다. 어느 날 집에 도착한 당신은 세 살배기 딸이 서재를 어지럽혀 놓은 것을 본다. 어질러진 서재를 보자 숨이 멎을 것 같고 이마에는 구슬땀이 송송 맺힌다.

일단 깊게 심호흡을 하라. 공격적인 마음을 누르고 자기연민에 빠지지 않도록 한다. 부드러운 반어적 웃음으로 주어진 상황을 대하라. 당신이 지금까지 큰 소리로 웃을 때만 행복했다면 부드러운 웃음을 짓기란 쉽지 않을 것이다. 이러한 상황에서는 먼저 반어를 훈련해야 한다. 예를 들어, 불교의 수행과정에서 깨달음을 얻기 위한 질문을 '화두(話頭)'라고 하는데 이 어록을 읽는 것이 훌륭한 연습이 될 수 있다. 화두는 관습이나 독단, 선입견에서 벗어나 가벼운 마음을 가지도록 변화시켜 준다. 불교에서는 이러한 상태를 '공(空)' 또는 '최고의 진리'라고 표현한다. 《손가락과 달Der Finger und der Mond》이라는 책에서는 진리를 다음과 같이 묘사하고 있다.

한 승려가 제자에게 사원의 정원을 청소하라고 시켰다. 제자는 스승의 지시대로 청소를 했고, 흠잡을 데 없이 깨끗하게 치운 뒤 정원을 떠났다. 그런데 승려는 청소된 상태가 마음에 들지 않았다. 그는 제자에게 세 번에 걸쳐 청소를 시켰다. 그러자 제자는 완전히 낙담하여 불평을 했다.

"스승님, 이 정원에는 더 이상 정리할 것도 청소할 것도 없습니다. 필요한 것은 모두 했습니다."

"하지만 뭔가 부족하다." 하고 스승이 대답했다. 스승이 나무 한 그루를 흔들자 나뭇잎 몇 개가 흩날리면서 바닥에 떨어졌다.

"자, 이제 정원 정리가 끝났다."

완벽한 정리는 무질서와 더불어서만 존재한다. 완벽 그 자체는 불완전함이 없다면 전혀 인식할 수 없을 것이다.

이다음에 누군가 또 당신의 서재를 어지럽힌다면 마음을 편안하게 먹고 사원의 정원을 생각해 보라. 그러면 마음이 가벼워지고 얼굴에는 반어적 웃음이 서서히 피어날 것이다. 정리라는 것이 무엇인지 이제야 비로소 깨달은 당신은 오히려 정리의 진정한 의미를 일깨워준 딸아이에게 감사해야 할 것이다.

▶ 당신의 상황은 가망이 없어 보인다. 일자리는 위협받고, 계좌의 상태는 마이너스이다. 배우자는 당신을 떠나려고 한다. 이번에도 《손가락과 달》에서 도움을 얻을 수 있다.

한 승려가 사원에서 명상을 하다가 잠이 들었다. 잠이 들면서 승려는 초를 넘어뜨렸고, 나무 바닥에 불이 붙고 말았다. 승려가 깨어 보니 사방이 온통 불에 활활 타고 있었다. 사원은 돌로 된 부분에는 불이 붙지 않았지만 나무로 된 곳은 계속 불타고 있었다. 승려는 불이 난 사원을 떠나기 전에 나무로 된 거대한 부처상을 밖으로 꺼내야겠다고 결심했다. 천성적으로 몸이 약한 승려는 마치 기적처럼 100킬로그램에 육박하는 무거운 부처상을 문까지 옮기는 데 성공했다. 하지만 가까스로 문 앞에 도착하고 보니 문이 너무 작아서 부처상을 통과시킬 수 없을 듯했다. 또 벽이 너무 두꺼워 뚫고 나가는 것도 어려워 보였다. 하지만 그는 성스러운 부처상을 불길 속에 놔둘 수가 없었다. 부처상을 무사히 밖으로 끌어내기 위해 그는 무엇을 할 수 있을까?

당신이라면 어떻게 하겠는가? 고정관념에 사로잡혀 있다면 결코 해답을 찾지 못할 것이다. 해답은 바로 '부처상을 들고 문을 연다. 그리고 밖으로 나온다.'이다.

이 이야기의 결말은 상투적인 논리학으로 설명될 수 없다. 그렇다면 어떤 결말이어야 할까? '불이 나지 않았다면 어땠을까? 문이 작지 않았다면 어땠을까? 100킬로그램짜리 부처상이 없었다면 어땠을까?'라는 상투적인 논리학에 근본적인 물음을 던지게 하는 결말이어야 한다. 고정관념은 상상력을 빼앗아간다. 사람들 대부분이 논리적으로 승려가 100킬로그램의 부처상을 들고 좁은 문을 통과할 수 없다는 이유만으로 승려가 실제로 부처상을 문밖으로 옮기지 못할 것이라고 기대한다. 마찬가지로 당신의 일과 생활의 발전이 명백하다고 여겨진다는 이유만으로 실제로 모든 것이 내리막길을 가고 있다고 기대한다.

이제부터는 반어적 웃음을 지어본다. 그리고 단순한 상투적인 해결책보다 더 많은 해결책이 있다고 기대한다. 당신이 불가능하다고 설명했기 때문에 불가능할 뿐이다. 오직 당신의 머릿속에만 존재하는 무거운 짐을 이제 그만 어깨에서 내려놓자.

이 철학 실천이 잘 이루어지면 당신은 존재의 가벼움을 더욱 잘 누릴 수 있게 된다. 존재의 가벼움이 당신의 두 번째 본성이 된다면 다른 사람들이 당신을 더욱 높게 평가할 것이다. 진정한 친구는 더 많아질 것이며, 그릇된 친구는 점점 사라질 것이다. 또 가끔씩 자신의 과거 모습을 떠올리고 웃음을 지을 수 있는 순간들이 많아질 것이다.

6
사랑 _
'사랑' 과 '사랑하기' 는 다르다

사랑은 달콤함 꽃이다.
그러나 그것을 따기 위해서는 벼랑 끝까지 갈 용기가 있어야 한다.

-스탕달(Stendhal, 1783~1842)

・・・

완벽한 삶을 추구하는 과정에서 아무리 피하려고 해도 마주칠 수밖에 없는 적이 있다. 그것은 바로 사랑이다. 사랑은 최대의 만족, 최대의 효율과는 관계가 없는 개념이다. 따라서 완벽이라는 단어와도 어울리지 않는다.

보통 사랑을 이야기할 때 무엇에 대해 이야기하는가? 사랑이 도대체 뭐냐고 물어오면 명확한 대답이 떠오르지 않는다. 하지만 무엇이 사랑이 아닌지는 분명히 알고 있다. 이처럼 사랑은 그렇게 간단하게 설명될 수 있는 것이 아니다. 그렇다면 사랑은 무엇일까? 우리는 흔히 사랑이 많은 선택사항 가운데 하나였으면 좋겠다고 말한다. 그러면 적어도 사랑을 통제할 수 있으니 말이다.

사랑 때문에 수많은 당황스러운 경험들을 하는 이유는 사랑에 대한 개요가 결여되어 있기 때문이다. 살면서 우리는 수십 번 혹은 수백 번 사랑에 빠지며, 손으로 직접 연애편지를 쓰거나 수많은 연애소설들을 읽는다. 그런데도 사랑에 대한 인식은 점점 메말라가고, 점점 더 많은 실수를 범한다. 시간이 흘러가는 동안 사랑에 관한 많은 것을 배우는데도 다른 분야에서 발휘하는 능력에 비하면 사랑에 있어서는 언제나 아마추어일 뿐이다. 국가는 경제와 학문을 증진하기 위해 노력하지만 사랑이나 감성 교육에는 그만큼의 노력을 기울이지 않는다. 사랑에 대해서는 집이나 학교에서 제대로 배우지 않았기 때문에 우리는 이를 평생에 걸쳐 배워야 한다. 사랑(감정으로서의 사랑)과 사랑하기(능력으로서의 사랑)가 별개의 것이라는 사실을 인식할 때까지 눈물을 펑펑 흘릴 수밖에 없다.

정신분석학자이자 사회심리학자인 에리히 프롬(Erich Fromm, 1900~1980)은 1956년에 출간한 저서《사랑의 기술 Die Kunst des Liebens》에서 다음과 같이 쓰고 있다.

"사랑처럼 엄청난 희망과 기대 속에서 시작되었다가 매번 실패로 끝나고 마는 활동이나 사업은 찾아보기 어려울 것이다. 만일 이것이 다른 활동이라면 사람들은 열심히 실패의 원인을 가려내고 개선의 방법을 찾아내려 할 것이다. 그렇게 되지 않으면 그들은 이 활동을 포기할 것이다. 사랑에서는 포기가 불가능하므로 사랑의 실패를 극복하는 방법은 오직 하나뿐인 것 같다. 즉 실패의 원인을 가려내고 사랑의 의미를 배우기 시작하는 것이다."

사랑 :
감정

사랑은 분노, 슬픔, 혐오감과 그 위상이 같다. 말하자면 사랑은 일종의 권력이다. 우리가 사랑을 택하는 것이 아니라 사랑이 우리를 택한다고 볼 수 있다. 사랑에 한번 빠지면 헤어 나오기가 아주 어렵다. 사랑에 빠지면 감정이 매우 변덕스러워진다. 변덕스러운 감정은 이성을 완전히 뒤죽박죽으로 만들어놓는다. 고요했던 머릿속이 혼란스러워지기 시작한다. 사랑은 자기를 방해하는 모든 것을 가차 없이 제압한다. 아무리 점잖은 사람들도 예외가 될 수 없다. 존경받는 장관, 품위 있는 학자들도 사랑 앞에서는 유치해질 수밖에 없다. 또 사랑이 부와 명성에 치명적인 결과를 가져오는 경우도 많다.

사랑은 분노나 혐오감처럼 인생을 대하는 무관심한 태도에서 벗어나게 한다. 하지만 분노와 혐오감보다 더욱 미묘하고 기만적인 방식을 사용한다. 사랑은 결코 자유롭게 떠다니지 않고, 한 사람이나 한 대상에 깊이 빠져드는 경향이 있다. 금발의 아가씨나 개, 아니면 도자기 꽃병도 사랑의 대상이 될 수 있다. 사람이 제각기 다른 인성을 가지고 있는 만큼 사랑의 대상 역시 아주 다양하다. 나란히 앉아 있는 두 사람 중에서 왜 하필이면 오른쪽 사람에게는 눈길도 주지 않고 왼쪽 사람에게 관심이 쏠리는 것일까? 왜 이 사람이 아닌 저 사람에게 끌리는 걸까?

사랑에 빠지는 대상이 누구인지를 살펴본다면 자기 자신에 대해 많은 것을 알게 된다. 모든 사람은 남이 자신의 좋은 면만 판단해주기를 원한다. 인간이 부릴 수 있는 가장 위대한 기술은 위장이다. 누구나 자기 자신에 대해서 이미지를 만들고, 그 이미지에 자신을 동화시키려고 한다. 특히 다른 사람 앞에서 더욱 그러하다. 하지만 사랑에 빠지는 순간에는 이 속임수가 더 이상 기능하지 않는다. 원하든 원치 않든 가면을 벗을 수밖에 없다. 사랑에 빠지면 어쩔 수 없이 상대에게 자기 내면의 은밀한 모든 것을 들키게 되어 있다. 스페인의 철학자 호세 오르테가 이 가제트(José Ortega y Gasset, 1883~1955)는 이렇게 말했다.

"사랑은 인성이라는 바다의 깊은 곳에서 밀려드는 파도이다. 사랑이 삶의 수면 위로 떠오르면 바닷속에 있던 해초와 조개가 떠밀려온다. 자연을 잘 아는 사람이라면 떠밀려온 해초와 조개를 보고 깊은 바닷속이 어떠한지 잘 알 수 있다."

사랑이 가면을 벗겨내려고만 하지 않는다면 아무런 문제가 되지 않는다. 위장을 계속 유지할 수 있다면 우여곡절의 사건들은 벌어지지 않을 것이다. 연애이야기에 등장하는 전형적인 요소에는 쾅 닫히는 문소리, 격렬한 울음, 뻘겋게 충혈된 눈, 깨진 유리병, 밤새 이어지는 말싸움, 애타는 맹세, 감동적인 화해 장면, 마음을 찡하게 하는 이별 장면 등이 있다. 실제 상황에서 일어나는 연애사건이 텔레비전 속 멜로드라마와 다른 점은 당사자 자신이 원한 일도 아니고, 또 보수를 받고 연기를 하는 것도 아니라는 점이다. 사랑 때문에 병가를 낼 수도 없고, 확실한 해결책이 없기에 사랑에 대한 준비를 철저하게 할 수도 없다. 감독도 없을 뿐더러 대본과 줄거리는 즉석에서 만들어진다. 결국 연애 당사자가 지금까지 왜 사랑 때문에 이런 짓을 했는지 알 수 없게 되면서 사건의 비극과 희극이 교차한다. 이러한 점은 마르셀 프루스트의 소설 속 인물인 스완에게서 잘 드러난다. 스완은 자신이 사랑하는 오데트와 오랫동안 싸운 결과, 그저 다음과 같은 사실을 인식했을 따름이다.

"내가 내 인생을 망쳐버렸다고 생각하고, 죽으려고 생각하고, 가장 거대한 정열을 경험했다고 생각하고, …… 이 모든 것이 내 마음에 들지 않고 내 취향이 아닌 한 여자 때문이다!"

똑같은 사랑을 여러 사람과 쉴 새 없이 했다면 좀 쉬어야 할 필요가 있다. 여러 번 부서진 마음은 더 이상 작동하지 않는다. 완전히 지칠 대로 지쳤기 때문이다. 이제는 오직 두 가지 방법만 남아 있는 것 같다. 첫 번째 방법은 심리치료를 받는 것이다. 하지만 치료사가 해주는 말이나 처방약이 언제나 도움이 되는 것은 아니다. 좌절된 사랑은 병이라고도 할 수 없다. 두 번째 방법은 더 이상 사랑을 하지 않겠다는 중대한 결심을 하는 것이다. 하지만 사랑을 하지 않는 것은 불가능하기 때문에 계속해서 다른 사랑 대상을 찾게 된다.

사랑 때문에 생기는 근심을 치료해주는 최고의 약은 우리 스스로를 행복하게 만들어주는 것이다. 여러 선택사항 중에 가장 좋은 선택사항을 고르는 습관은 우리 자신을 행복하게 만들어준다.

지금 이 시대를 살아가는 사람들은 전부 나르시시스트(narcissist)이다. 자신의 행복을 만족시키는 것이 언제나 1순위를 차지한다. 주어진 모든 과제와 임무를 수행하는 이유는 단지 그것이 자아실현과 자기확인에 득이 되기 때문이다. 책임감은 선택사항이며 구속이 되어서는 안 된다고 생각한다. 하지만 더 이상 나르시시즘이 만연해서는 안 된다. 프랑스의 모랄리스트 라로슈푸코(La Rochefoucauld, 1613~1680) 공작은 만연되어 있는 자기애에 대해 신랄하면서도 아주 적절하게 지적을 했다. 그가 1665년에 펴낸 《잠언과 성찰 Réflexions ou Sentences et Maxime Morales》에서 다음과 같은 잠언 구절을 확인할 수 있다.

- 우리의 생각이 비난받을 때보다 우리의 취향이 비난받을 때 자존심은 더 큰 상처를 입는다.
- 이기심은 인간의 모든 언어와 모든 행위 속에 감추어져 있다.
- 우리는 다른 사람의 불행을 보고 참을 수 있을 정도로 강하다.
- 다른 사람을 몰래 속이는 것은 어렵지만 자기 자신을 몰래 속이는 것은 쉽다.

실제로 나르시시즘은 자기기만일 뿐이다. 그리스 신화에 등장하는 젊고 아름다운 미소년 나르시스(narcissus)는 물에 비친 자신의 얼굴을 보고 사랑에 빠진다. 하지만 물에 비친 모습은 표면에 불과하다. 물에 비친 대상의 본질은 전혀 파악할 수 없다. 표면 위의 삶은 무의미하다. 이런 삶은 고통을 주지 않지만 기쁨 또한 주지 않는다.

사랑하기 :
능력

완벽한 사랑은 존재하지 않는다. 하지만 나르시시즘보다 좋은 것은 존재한다. 그것은 바로 사랑하는 능력이다. 지속적인 사랑의 행복을 얻는 방법은 사랑하는 능력을 인식하고 그에 합당한 결과를 끌어내는 것이다. 사랑하는 능력은 팔을 쭉 뻗는 것과 같은 능력이 아니다. 팔을 뻗을 수 있는 능력을 증명하기 위해서는 단 한 번만 팔을 뻗으면 된다. 하지만 누군가를 단 한 번만 사랑했다고 해서 사랑하는 능력을 갖추었다고 결코 말할 수 없다. 사랑은 자연의 선물이라기보다 정말 다루기 힘든 지극히 어려운 기술이다. 하지만 두 사람의 결합이 습관이 되어버린 후에야 비로소 이러한 사실을 깨닫게 된다. 결혼이라는 제도를 예로 들 수 있다. 사랑의 감정에 의존하는 것만으로 행복한 결혼을 만들 수 없다. 그보다 좀더 많은 노력이 필요하다. 그렇지 않으면 결혼이 사랑의 감정을 위태롭게 만들 수 있다. 프리드리히 니체는 이렇게 말했다.

"동맹자가 서로에 대해 아는 것을 넘어 서로를 믿게 되었을 때 그 동맹은 더욱 견고해진다. 사랑에 빠진 사람들의 동맹이 결혼 후보다 결혼 전에 더욱 견고한 이유는 무엇일까?"

게르만 어에서 유래한 '사랑하는(lieb)'이라는 형용사는 어원적으로 '믿다(glauben)'라는 단어와 관련이 있다. 예를 들어 배우자가 게으름뱅이가 아니라고 믿으면 사랑의 감정에 쉽게 빠질 수 있다. 배우자의 야심, 능력, 책임감 등 그를 사랑할 만한 수많은 이유가 생겨난다. 하지만 배우자가 그런 사람이라는 사실을 아는 순간 사랑은 끊임없는 연습을 필요로 하는 고도의 기술이라는 사실을 분명히 알게 된다. 결혼은 도전이다. 다른 모험처럼 결혼 역시 자신의 한계에 부딪히고 그 한계를 넘어서는 기회를 제공한다. 결혼이 자기 자신을 인식하는 계기를 제공해주는 한 결혼은 철학적 모험이다. 하지만 사람들은 이 사실을 잘 모른다. 가진 것에 만족하기보다는 가지지 않아도 되는 것, 아직 손에 넣지 않은 것을 계속 갈구하기 때문에 결혼에 있어서도 지극히 좁은 시각만을 가지고 있다. 결혼생활이 원만할 때에는 더욱 원만한 결혼생활을 만들고자 한다. 또 결혼생활에 문제가 있으면 미혼시절을 그리워한다. 결혼생활이 그럭저럭 평범할 때에는 결혼생활이 아닌 다른 곳에서 무언가를 얻으려고 하고, 지루함을 쉽게 느낀다.

많은 부부들이 이혼을 하는 이유 중 하나는 부부의 한 쪽이 다른 한 쪽을 소유할 수 있다는 믿음 때문이다. 이러한 믿음은 소유하고 싶은 것을 손에 넣으면 흥미가 사라진다는 논리를 따른다. 일반적으로 결혼의 실패는 다음의 네 가지 단계에 걸쳐 이루어진다. 첫 번째 단계는 사랑에 빠지는 것이다. 이 단계에서의 사랑은 대상이 적합한지를 시험해 보는 탐색기간에 해당된다. 두 번째 단계는 결혼과 그 후에 이어지는 허위적 만족상태이다. 이 단계에서는 많은 사람들 앞에서 대상을 공공연하게 '자기'라고 부르곤 한다. 세 번째 단계는 실망이다. 이 단계에서는 만족감을 유지하기 위해 대상이 부적절하다는 사실을 확인한다. 그리고 '자기'라는 호칭 대신 이름을 부른다. 네 번째 단계는 이혼 혹은 임의적인 냉전이다.

사랑을 전적으로 감정과 동일시한다면 관계를 지속하기가 어려워진다는 것을 어느 정도 확실히 알고 있다. 감정에 전념하는 것은 가능하지만, 감정을 신뢰할 수는 없다. 사람과 사람의 결합을 유지하려면 상당한 노력, 특히 사랑능력을 키우는 노력이 필요하다. 에리히 프롬은 예술이나 의술처럼 사랑도 역시 하나의 기술이라고 정의한다. 감흥을 느낄 때에만 피아노에 앉는 피아니스트는 그저 음악을 좋아하는 사람일 뿐 예술가라고 부를 수 없다.

  기술은 갑자기 생겨나는 능력이 아니라 부단한 노력을 거쳐 발전되는 것이다. 기술은 팔을 뻗는 것보다 훨씬 어려운 능력이다. 사랑의 기술을 익히기 위해 훈련을 하면 사랑에 능한 사람이 된다. 그럭저럭 평범한 결혼생활은 아마추어의 공예수준이라고 볼 수 있다. 즉 겉으로는 괜찮아 보이지만 속으로 들어가 보면 회의적인 생각들이 가득 차 있다.

  반면 행복한 부부는 대가(大家)의 경지에 오른 사랑의 예술가들이다. 그들은 오늘날과 같은 다중작업 시대에서 차츰 잊혀 가는 덕목인 '집중력'을 지니고 있다. 사랑의 기술보다 중요한 것은 없다는 생각으로 그 기술을 습득하는 데 최대한 주의를 기울이는 것이다. 집중력이 떨어질수록 사랑하는 능력도 파괴된다. 그러나 오늘날 많은 사람들이 사랑을 그렇게 갈망하면서도 직장에서는 자판을 두드리느라 정신이 없고, 집에 돌아오면 나태한 상태로 지내는 데 길들여져 있다. 그리고 사랑의 기술을 배우기 위한 어떠한 노력도 하지 않는다. 사람들은 보통 무언가를 하고 싶어 하지만 자신이 직접 그것을 하는 것보다 남이 그것을 해주기를 바란다. 사랑하는 것보다 사랑받는 것이 더 쉽고, 생산하는 것보다 소비하는 것이 더 쉬운 것처럼 말이다.

다른 사람을 사랑하는 능력을 가진 사람은 아쉽게도 자기 자신을 사랑하는 법을 모르는 경우가 많다. 아픈 남편을 간호하는 아내를 예로 들 수 있다. 52세의 체육담당 여선생이 원인을 알 수 없는 심각한 허리 통증 때문에 나를 찾아온 적이 있다. 그녀는 늘 건강했기 때문에 아프다는 것은 자신에게 생소한 일이라고 말했다. 반면 그녀의 남편은 만성 근육통으로 고생하고 있어서 늘 간호의 손길이 필요하다고 했다. 트레이닝복을 입은 그녀는 마치 자신의 인생이 기쁜 일들로 가득하다는 듯이 환한 얼굴로 말했다.

"저는 십 년 전부터 남편을 간호하고 있어요."

"사람들이 당신이 고생한다는 것을 잘 모르겠군요."

"아이들도 있고, 친구들도 있는데요 뭐. 또 화초도 키우고 있고요."

"자기 자신에 대해 잘 알고 계신가요? 달리 말하면, 자기 자신을 사랑하시나요?"

"아니오!"

그녀의 환한 표정이 사라졌다. 그녀는 불안해하고 있는 듯했다. 그녀는 지금껏 살면서 자기 자신을 사랑하는 것이 이기적인 행동이라고 생각했다. 자신을 잘 아는 것과 자기애를 혼동하고 있었던 것이다. 나는 그녀에게 사랑하는 모든 것을 열거해보라고 했다.

"물론 내 아이들과 내 남편을 사랑해요. 그리고 내 일, 학생들, 자연,

내 정원, 산, 천둥번개, 태양, 햇빛이 거실에 만드는 동그라미 그림자들, 우리 집, 벼룩시장, 요리책……."

목록이 점점 길어졌다. 그 여선생은 사랑하는 것이 무엇인지 알고 있었다. 즉 사랑을 한다는 것이 집중력과 열정으로 인생을 여는 것임을 알고 있었다. 그녀가 가진 사랑의 기술은 남편의 병을 초월하여 인생을 손에서 놓지 않을 힘을 주었다. 그녀가 배우지 못한 것은 오직 자기 자신을 사랑하는 것뿐이었다. 그 대가로 허리통증이라는 벌을 받은 것이다. 프롬은 사랑의 능력이 당연히 자기 자신을 사랑하는 능력까지 포함한다고 말했다. 사랑의 능력은 모든 곳을 향해 발산하며, 결코 분리할 수 없기 때문이다. 즉 모든 것이 서로 연결되어 있기 때문에 자기 자신을 사랑하지 않는다면 인생 전반에 영향을 미치게 되는 것이다.

철학 상담 6

사랑의 기술 연마하기

사람들은 냉혹한 외로움과 냉정한 타인을 두려워한다. 또 사랑을 받지 못할까 봐 겁을 먹는다. 그래서 버릇없는 아이처럼 큰소리로 투덜거린다. 그러다가 결국 피하려고 했던 바로 그 상태에 이르고 만다. 바로 홀로 남겨지는 것이다. 어른으로서 혼자 있음을 불평하는 것은 무의미하다. 우리는 결코 혼자가 아니다. 우리에게는 자기 자신이 있다. 자기 자신과 교류하는 능력을 가지고 있을 뿐만 아니라 자신을 사랑하는 능력도 가지고 있다. 그리고 이 능력을 계속 연마해야 한다. 더 많은 사랑을 요구할수록 사랑을 덜 받는 존재가 된다. 가라앉는 난파선에서 도움의 손길을 요구하는 것보다 배의 운항 방향을 직접 결정하는 편이 낫다. 가장 안전한 항구는 바로 자기 자신이다.

사랑으로부터 너무 많은 것을 기대하지 말라. 자신이 가진 사랑의 능력을 소수의 사람에게만 발휘하지 말라. 그리고 특정 인물을 이상형으로 삼지도 말라. 그렇지 않으면 그 사람의 존재가 사라졌을 때 당신은 한없이 근심하게 된다. 부부관계에서는 이용가치에 대한 생각을 하지 말라. 상대방은 어쨌거나 당신의 소유물이 될 수 없다. 대신 인내심을 키우려고 노력하라. 상대를 흥분상태로 만들기 전에 스스로 따뜻한 생각을 먼저 해보라. 이제 몇 가지 예를 들어보겠다.

▶ 당신은 맹목적인 사랑을 추구한다. 하지만 아직도 그런 사랑을 찾지 못했다. 새 연인 역시 당신의 기대를 충족시키지 못한다. 당신은 "그 사람은 나를 사랑하지 않아. 그 사람은 그저 내 겉모습만 사랑할 뿐이

야."라고 불평한다.

당신이 원하는 것이 정말로 조건 없는 사랑인가? 만약 당신의 연인이 "나는 당신의 똑똑함, 따듯한 마음, 붉은 뺨 때문에 당신을 좋아하는 것이 아니야. 그런 것들은 나한테 아무래도 상관없어. 나는 그냥 너를 사랑하는 거야."라고 안심시켜 주듯이 말한다면 당신은 어떻게 반응할 것인가? 분명히 당황할 것이다. 조건 없는 사랑은 근거가 빈약한 사랑이라는 점을 알아야 한다. 다른 당신이 근거도 없이 사랑을 받으려는 게 아니라 어떤 특정한 이유에서 사랑을 받고 싶어 한다는 사실을 분명히 깨달아야 한다. 다른 사람이 당신을 사랑하는 근거에 대해 선입관을 가져서는 안 된다. 당신의 연인이 당신이 부자라서 사랑한다고 말했다 해도 당신을 그저 목적을 위한 수단이라고 생각하는 것은 아니다. 물론 당신이 돈이 많은 사람이라서, 자제심과 자기의식이 강하고 성취능력이 뛰어난 사람이라서 좋아하는 것일 수도 있다. 그런데 그러한 이유가 수긍하기 어려운 근거인가?

▶ 당신은 당신이 하는 일에 모든 것을 바친다. 일하고, 돈을 벌고, 일하고 돈을 버는 생활을 반복한다. 저녁에 집에 돌아오면 너무 지쳐서 사랑을 할 수가 없다. 가끔씩 연인과 로맨틱한 저녁식사 자리를 꿈꾸기도 한다. 그러다가 결국 텔레비전 앞에서 잠이 든다. 사랑과 열정에

대한 생각은 그저 피곤에 절은 웃음만을 자아낼 뿐이다.

당신의 애정결핍 단계는 상당히 진척되어 있다. 시간 괴물은 이미 당신을 잡아먹은 것이나 다름없다. 일단 자기 자신을 제대로 알 필요가 있다. 스스로에게 '나는 누구인가?'라는 근원적인 질문을 던져보라. 어쩌면 당신은 상당히 오래전부터 이에 대한 대답을 찾고 있었을지도 모른다. 직장에서의 성취만을 위해 살면 어쩔 수 없이 자기소외 상태에 빠지게 된다. 다람쥐 쳇바퀴 도는 삶을 살기 이전에 당신이 무엇에 흥미를 느꼈는지, 무엇에 열광했는지, 무엇을 사랑했는지를 기억해 보라. 그리고 개인적인 열정을 키울 수 있도록 하루 일과를 바꿔보라. 직업을 한번 바꿔 보는 것도 좋다.

만약 재충전의 시간을 도저히 가질 수 없는 상황이라면 좀더 아슬아슬한 삶을 살아보려고 노력해 보라. 예를 들어 평소와는 달리 이웃에게 친절한 말을 조심스럽게 건넨다든가, 용기를 내 연락이 뜸한 친구에게 전화를 거는 것이다. 사람들과의 진지한 교류는 유익함을 넘어 새롭고 흥미로운 삶에 대한 시각을 넓혀준다. 발코니에서 메말라 가는 화초를 다시 파릇파릇하게 살리는 것도 좋은 방법이다. 평소에 그 화초가 쓸모없다고 생각했다면 더욱 권하고 싶다. 이를 통해 당신은 인내심과 집중력을 기를 수 있다. 어느 정도 시간이 지나면 내부에서 일어난 어떤 변화를 감지하게 될 것이다. 마음이 아주 차분해지면서 배우자에게 좀더 주의를 기울일 수 있고 그를 진정으로 받아들이는 것이 가능해진다. 당신의 삶은 선택사항이 아니라 유일한 것임을 언제나 명심해야 한다. 마음을 굳게 먹고 이것 아니면 저것이라는 사고방식을 철저히 떨쳐내야 한다.

▶ 당신은 사랑하는 능력이 없는 자신 때문에 걱정이다. 당신은 가족과 서너 명의 친구 외에는 연락을 하는 사람이 거의 없다. 업무에 필요한 대화, 일상에서의 기본적인 대화 외에는 다른 사람과 말을 섞지 않는다.

아마도 당신은 새로운 관계를 형성하고 유지하는 일이 힘들다는 것을 경험했을 것이다. 예전부터 알던 사람이 아니면 아무리 호감이 가는 사람이라도 쉽게 믿지 못한다. 당신이 누군가에게 크게 실망한 적이 있기 때문에 마음의 문을 닫고 결국 당신이 신뢰하는 사람만을 다시 찾게 된다. 한 사람을 사랑하는 것은 인류 전체를 사랑하는 것이라는 프롬의 말을 떠올려보라. 물론 이 말은 극악무도한 범죄자까지 사랑해야 한다는 의미가 아니라, 기본적으로 소위 낯선 사람들에게 약간의 사랑을 베풀라는 뜻이다. 가까이에 있으면서 사랑을 충분히 되돌려 줄 수 있는 사람, 사랑을 투자할 만한 가치가 있는 사람만을 사랑하려는 사람은 제대로 된 사랑을 하는 것이 아니다. 사랑을 한다는 것은 준다는 것을 의미한다. 누구이건 상관없이, 무엇을 되돌려 받을지 상관없이 말이다. 사랑의 승리는 사랑 그 자체의 경험 안에 존재한다.

이 철학 실천이 잘 이루어지면 당신은 자신이 우주의 한 부분임을 그 어느 때보다 절실히 느끼게 될 것이다. 그리고 당신이 결코 혼자가 아니라는 사실도 알게 된다. 비록 당신이 가끔은 그와 반대의 감정을 가질지도 모르지만 말이다. 또 당신의 삶은 더욱 흥미진진해질 것이다. 어떤 사람 혹은 어떤 것을 뒤쫓아야 한다는 욕구를 더 이상 가지지 않게 될 테고 말이다. 당신에게 필요한 모든 것이 이미 존재한다는 사실, 단지 그것에 주의를 기울이기만 하면 된다는 사실을 깨닫게 될 것이다.

7
선(善) _
어떤 존재로 어떻게 살 것인가

인간이 더 현명해지고 나아질수록 인간 속에 존재하는 더 많은 선을 발견하게 된다.

-블레즈 파스칼(Blaise Pascal, 1623~1662)

...

'좋다'라는 단어처럼 아무 생각 없이 사용되는 단어는 없을 것이다. 좋은 자동차, 좋은 헤어스타일, 좋은 사람 등등. 이때 물론 '좋다'라는 단어의 뜻을 곰곰이 생각하는 사람은 없다. 날카로운 칼처럼 '사용하기에 편한 것'이나 1990년산 샤토 라피트 로쉴드(Château Lafite-Rothschild)처럼 '가치 있는 것'을 두고 '좋다'고 말할 수도 있다. 한편 아리스토텔레스는 '윤리학'이라는 이름을 가진 책 가운데 현존하는 최고(最古)의 것이라고 불리는 그의 저서 《니코마코스 윤리학Ethica Nichomacheia》에서 '선'에 대해 이렇게 말한 바 있다.

"우리의 모든 활동들, 즉 우리가 어떤 것을 만들고 탐구하며, 행동하고 선택할 때 어떤 것을 목적으로 할까? 그것은 어떤 '선(좋은 것)'일 것이다. 다시 말해 우리의 모든 활동은 '선'이라는 목적을 갖는다는 것이다."

사람들이 가지려고 하는 것, 갈망하는 것이 좋은 것임에는 의심의 여지가 없다. 어떤 사람은 화려한 헤어스타일을 원하고, 어떤 사람은 메르세데스 벤츠를 원하며, 또 어떤 사람은 외국으로 이주해 살기를 원한다. 그런데 왜 이런 것들을 원하는 것일까? 예를 들어 왜 머리를 염색하고 싶은지를 물어본다면 분명히 "더 좋은 외모를 위해서"라고 대답할 것이다. 머리염색을 하는 목적은 또 다른 목적, 즉 아름다움을 얻기 위한 수단이다. 하지만 아름다움에 만족을 하는 사람은 거의 없다. 대부분의 사람들은 남에게 관심과 존경, 사랑을 받기 위해 아름다워지려고 한다. 남에게 존경받으려는 이유는 혼자가 되지 않기 위해서이다. 혼자가 되지 않으려는 이유도 분명히 있다. 인간의 소원이 무궁무진하지 않다면 아리스토텔레스가 말한 것처럼 어딘가에 그 종착점이 있을 것이다. 인간이 원하는 모든 것이 추구하는 궁극적인 목적은 좋은 삶, 행복한 삶이다.

일상생활에서는 선이 무엇인가라는 질문에 별로 관심을 갖지 않는다. 검정색 외투 대신 노란색 외투를 산다면 그냥 노란색 코트를 사는 것이 좋은 결정이라고 생각한다. 이 선택은 외투를 구입하는 상황에만 국한된다. 즉 노란색 외투를 선택했다고 해서 인생에 어떤 광범위한 결과를 가져오지 않는다. 또 좋은 결정을 한다고 해서 그 사람이 좋은 사람이라고 단정할 수 없으며, 잘생기고 쓸모 있는 사람을 좋은 사람이라고 생각하지 않는다. 좋은 사람에 대해 말할 때 '좋은'이라는 말을 그 사람이 가지고 있는 특정한 도덕적 미덕과 관련된다. 예를 들면 정직함이라든가 불의를 보고 가만히 있지 않는 용기 같은 것 말이다. 외투를 구입하는 과정에서는 노란색 외투를 권했던 판매원이 좋은 사람이라는 것에 관심이 없다. 판매원의 선의가 드러날 때에만 그가 좋은 사람이라는 사실을 중요하게 생각한다. 예를 들어 어떤 정신병자가 갑자기 가게로 뛰어 들어와 우리를 위협하는 상황에서 판매원이 우리를 안전하게 보호해 줄 때처럼 말이다. 말하자면 판매원이 우리에게 어떤 좋은 일을 하려고 할 때에만 그 판매원이 좋은 사람이라는 사실에 관심을 갖는다.

우리는 인생을 살면서 주변 사람들의 '선'을 평가하는 상황과 끊임없이 마주친다. 좋은 사람들이 많아져야 삶이 더욱 쾌적해진다고 생각한다. 하지만 정작 왜 좋은 사람이 되어야 하는지에 대한 이유는 언급하지 않는다. "선한 사람이 되라!"고 합법적으로 요구할 수 있는 법칙은 존재하지 않는다. 인간이 왜 이 세상에 존재하는지 말할 수 있는 사람은 아무도 없으며, 분명하게 말할 수 있는 유일한 것은 우리는 언젠가 죽는다는 사실뿐이다. 어차피 죽을 운명인데 왜 좋은 사람이 되려고, 좋은 일을 하려고 노력해야 하는 것일까?

'선한가, 선하지 않은가?'의 문제는 개인적인 삶의 방식의 문제이자 감정의 문제이다. 남을 돕는 것이 선하다고 느낀다면 그 사람은 선한 사람이다. 친구의 이사를 도와줄 때 좋은 기분을 느낄지 아닐지는 직접 해 봐야 알 수 있다. 처음엔 냉장고를 5층까지 끌고 올라갔을 때 자신이 아주 선한 사람이라는 느낌이 든다. 아무런 대가도 받지 않고 자발적으로 도와주었으니 말이다. 친구의 감사인사도 마음을 따뜻하게 해 준다. 하지만 두 번째가 되면 차츰 의구심이 생겨난다. 새벽 5시에 일어나 무거운 옷장을 들고 좁은 나선형 계단을 오르는 등 일요일을 통째로 친구의 이사에 희생한 다음에는 선하다는 것이 그저 착하다는 것과 같은 게 아닌지 곰곰이 생각하게 된다. 세 번째가 되면 지난 번 친구의 이사를 도울 때 생긴 요통이 먼저 떠오르고, 무거운 책 상자를 옮겨야 한다는 생각에 부탁을 거절하게 된다. 네 번째에는 도와주겠다고 약속을 해 놓고, 이사 당일에 맞춰 멀리 여행을 떠나버린다.

선한 사람이 된다는 문제는 복잡하고 민감한 사안이다. 문제는 선해지려는 의도가 선한 동기가 없이는 생겨나지 않는다는 데 있다. 또 이러한 선한 동기를 자신이 직접 발견해야 한다는 것도 문제이다. 우리는 자기 자신에 대해 책임을 져야 하기 때문에 왜 좋은 사람이 되려는지 또는 아닌지도 스스로 알아야 한다. 결코 다른 사람이 해줄 수 있는 일이 아니다. 선한지 아닌지를 결정하는 것은 행동만이 아니다. 행동을 하게 하는 동기도 중요한 역할을 한다. 선한 의지에서 나오는 행동은 특정한 사회적 규범에 따른 책임의식에서 하는 행동이나 양심의 가책 때문에 하는 행동과는 다르다.

의무적으로 예의를 갖춰야 하는 상황에서는 자발적으로는 결코 하지 않을 행동을 하게 된다. 채식주의자인 직장 상사를 집에 초대해 요리를 접대하는 상황을 생각해보자. 이때 그 의무감 뒤에는 직장에서 쫓겨나지는 않을까 하는 불안감이 숨겨져 있다. 의무감에서 나오는 행동으로는 결코 선한 사람이 될 수 없다. 친구가 자기 때문에 여자친구와 헤어졌다는 말에 양심의 가책을 느끼고 친구의 이사를 도와주려고 한다면 그 사람은 아직 선한 사람이라고 할 수 없다. 그렇다고 나쁘거나 악한 사람도 아니다. 이기심을 사심 없는 마음으로 미화시켜서 위선적으로 행동하는 것뿐이다. 하지만 이에 대해 판단할 권리를 가진 사람은 아무도 없다. 어떤 삶을 살 것인지를 결정할 수 있는 권리는 오직 자기 자신에게 있다. 매일매일 새로운 결정을 내릴 수도 있다. 문제는 단지 그 많은 결정에 대해 어떻게 책임을 져야 하는가이다.

쇠렌 키르케고르는 1843년, 그의 대표작이자 실존주의 철학의 탄생을 알리는 《이것이냐 저것이냐Enten-Eller》라는 작품에서 두 개의 인생관을 보여준다. 특히 인격이 형성되는 과정에서 거치게 되는 특정한 단계들까지 상세히 다루고 있다. 키르케고르는 방향을 상실한 채 쾌락 위주로 사는 삶을 심미적 단계, 책임감과 진지함을 갖고 사는 삶을 윤리적 단계라고 적고 있다. 하지만 현실에서는 탐미적인 인생관을 가진 인물이 윤리적인 인생관을 가진 인물로 되는 일은 드물다. 또 철저하게 심미적인 생활을 하거나 철저하게 윤리적인 생활을 고수하는 사람을 찾아보기 어려우며, 대부분 두 유형이 혼합된 경우가 많다. 키르케고르가 이러한 특정 단계를 유형화시킨 이유는 우리가 인간으로서 어떻게 살아야 하며, 어떤 존재가 되어야 하는지를 보여주기 위해서이다. 《이것이냐 저것이냐》를 읽은 독자는 공감이 가는 인생관을 선택할 수 있지만, 그보다는 텍스트를 직접 해석해 어떤 유형의 삶이 더 좋은지, 또 다른 유형의 삶은 없는지 스스로 판단해봐야 한다.

심미주의자의 삶은 여러 측면에서 우리와 유사한 점이 많다. 우리처럼 심미주의자 역시 다른 사람의 눈에 띄고 인정받는 것을 중요하게 생각한다. 그것도 자신의 본래 모습이 아닌 모습으로 인정받기를 원한다. 심미주의자는 상황과 기분에 따라 다양한 역할을 소화한다. 그리고 자신에게 이로운 것만 보려고 한다. 심미주의자는 어떤 일이 있더라도 쾌락을 누리며 살고 싶어 한다. 심미주의자의 원칙은 다음과 같다.

"인생을 즐겨라. 다르게 표현하자면 너 자신을 즐겨라. 쾌락 속에서 너 자신을 즐길 수 있다."

하지만 쾌락원칙에 따른 삶은 그 대가를 치러야 한다. 순간순간의 쾌락에 집착하며 살아가는 사람은 자신의 진정한 자기를 잃어간다. 아무리 쾌락을 좇으며 살아도 늘 불안하기만 하다.

"무슨 일이 일어날까? 미래에는 어떤 일이 벌어질까? 전혀 알 수도, 예측할 수도 없다. 거미줄에서 떨어진 거미는 아무리 버둥거려봤자 다리를 붙일 수 없는 빈 공간만 계속 눈에 보일 뿐이다. 나도 마찬가지이다. 내 앞에도 언제나 빈 공간이 있다."

심미주의자는 매일매일 주어지는 수많은 선택들을 지켜워하기 시작한다.

"좋은 것이 하나도 없다. 말을 타는 것은 온몸에 긴장이 들어서 싫다. 걷는 것은 다리가 아파서 싫다. 눕는 것도 싫다. 누워 있는 채로 있는 것도 싫고 다시 일어나는 것도 싫다. 전부 다 싫다."

따라서 심미주의자에게는 '지속'이라는 것이 없다. 연관성이 없는 사건들을 매일매일 새롭게 얻어 가질 뿐이다. 결국 심미주의자는 무차별한 선택을 하거나 좋은 쪽으로도 싫은 쪽으로도 결정을 하지 못하게 된다.

"목을 매달아 죽으면 후회할 것이고, 그렇게 하지 않아도 후회할 것이다."

이러한 생각 때문에 심미주의자는 점점 괴로워한다. 그렇다고 쾌락을 누리는 삶을 단념할 수도 없다. 아직도 충족시켜야 할 욕구는 아주 많다. 윤리주의자의 관점에서 보면 심미주의자가 끊임없이 쾌락을 추구하는 이유는 지루한 기분을 전환시키고 '자신의 속을 훤하게 들여다보는 것'에 대한 두려움을 없애기 위해서이다.

반면 윤리주의자는 쾌락보다는 도덕적인 의무와 책임에 바탕을 두고 살아간다. 자신에게 부여된 과업을 선택하고 그 의무를 충실히 수행하는 것이다. 윤리주의자는 이렇게 말한다.

"진정으로 윤리적인 사람은 안정감과 확실성을 내면에 가지고 있다. 즉, 그러한 사람은 의무를 자신의 외부가 아닌 내부에 가지고 있는 것이다."

이 말은 자기 자신을 스스로 규정하는 사람은 남에 의해 규정되지 않아도 된다는 뜻이다. 심미주의자처럼 구속력이 전혀 없어야 자유로워질 수 있다고 믿는 사람은 완전히 잘못 생각하고 있는 것이다. 구속력이 전혀 없으면 오히려 의존적이 된다. 즉 쾌락을 주는 선택사항이 언제나 옆에 있어야 하고, 그런 선택사항이 실제로 지속적인 쾌락을 제공해야 한다는 생각에 매달리게 된다. 반면 선의 특정 원칙을 고수하는 사람은 많은 쾌락을 느끼지는 못하겠지만, 그 대신 더 많은 자유를 가질 수 있다. 이런 사람은 자신이 정한 기본원칙에 대해서만 책임감을 느끼기 때문에 자유롭다. 달리 표현하자면 자신이 원하는 것이 무엇인지 알고 있기 때문에 자유롭다. 즉 자신이 가야 할 방향을 설정한 것이다.

윤리주의자는 심미주의자가 윤리적 대안에 우선순위를 두어야 하는 보다 깊은 이유가 인간 존재의 무상함 때문이라고 생각한다. 감성적인 향락을 추구하는 탐미적 삶에는 미래가 없다. 시간을 수많은 순간으로 쪼개면서까지 쾌락을 향유함으로써 시간의 흐름을 막는 술책은 젊었을 때에만 통한다. 심미주의자 역시 나이가 들어가면서 본인이 죽어야 할 운명이라는 사실에서 벗어날 수 없다. 심미주의자는 어떤 변화가 있어야 한다는 사실을 깨닫는다. 그것은 바로 '이것이냐 저것이냐'이다.

심미주의자는 인생에서 처음으로 심각하게 진정한 선택을 하게 된다. 과거의 결정은 모두 가짜였다. 예전에는 '씁쓸한 와인을 마실까 아니면 달콤한 와인을 마실까, 노란색 외투를 살까 검정색 외투를 살까'와 같은 결정만 했다. 하지만 이제는 자신이 어떤 사람이 되려고 하는지에 대한 결정을 내려야 한다. 정체성에 대한 선택이 자신의 삶뿐만 아니라 주변 사람들의 삶까지도 영향을 미친다는 사실을 깨닫는다. 그는 자기 멋대로인 것, 선택적인 것, 아무런 상관이 없는 것만 보다가 이제 선이라는 것을 보게 된다. 그리고 그 사이에 결정적인 차이가 있다는 사실을 처음으로 알게 된다. 선은 이럴 수도 있고 저럴 수도 있는 것이 아니다. 선의 가치는 절대적이며 대체될 수 없다. 선의 가치는 전적으로 악을 막는다는 데 있다. 심미주의자는 선을 택함으로써 동시에 자기책임도 택하는 것이다. 그는 쾌락주의적 삶을 포기하고 오직 자기 자신만이 온전히 자기를 규정할 수 있는 윤리주의자가 되기로 결정한다. 윤리주의자는 이렇게 말한다.

"나는 사람이 사랑에 빠지면 결코 사라지지 않는 조화를 이루게 된다는 사실을 깨달았다. 이제 나는 이렇게 말하고 싶다. 사람이 선택을 하게 되면 결코 사라지지 않는 엄숙함과 고요한 품위를 가지게 된다고 말이다."

물론 단 한 번의 선택으로 그렇게 되는 것은 아니다. 제멋대로 아무거나 선택하는 대신 선을 선택하는 것은 목적이 아니라 출발점이다. 심미주의자뿐만 아니라 우리 모두에게 그러하다. 정말로 선한 사람이 되려고 한다면 평생 선을 유지해야 하며, 자발적인 자기책임감으로부터 선이 우러나와야 한다. 어떤 상황에 처하건 일관적으로 선을 유지해야 선한 사람이 된다. 주변 사람에게 도움과 배려를 주는 것만으로는 충분하지 않다. 이것은 넓은 의미의 이기주의일 뿐이다. 선행을 베풀어야 하는 곳에 존재하는 모든 사람들에게 선해야 한다. 예외가 있어서는 안 된다. 일관적인 모습을 유지해야만 인생에 일관성을 부여할 수 있고, 자유로운 인간임을 느낄 수 있다. 이것이 바로 윤리주의자가 인간이 선해야 한다고 생각하는 이유이다.

실제 생활에서 선은 존재하지 않는다. 즉 선은 이상적 관념으로서만 존재한다. 그렇기 때문에 각 상황에 처할 때마다 무엇이 선한지 아닌지를 매번 새롭게 결정해야 한다. 이때 자신이 세운 기본원칙과 함께 이상적인 대상이 있는 것이 도움이 된다.

　내가 선의 본보기로 삼는 사람이 있다. 철학적인 대화를 나누면서 알게 된 어느 수녀이다. 이 수녀는 우리와 똑같은 사람이었다. 말하자면 결코 완벽한 사람이 아니었다. 그녀는 다른 사람들에게 많은 책임감을 느끼면서도 자신의 건강에는 신경을 쓰지 않았다. 나는 그녀가 자기 자신을 별로 사랑하지 않는 것 같다고도 생각했다. 그녀가 선한 사람이라는 확신을 가지게 된 계기는 종교적 믿음에서 나오는 말이 아니라, 그녀가 대화 도중 내내 발산한 안정감이었다. 자기 자신과 세상이 일치할 때만 가질 수 있는 그런 안정감, 실패를 하더라도 끊임없이 최선을 다해야 한다는 사실을 정확히 알고 있는 사람만이 가질 수 있는 그런 안정감이었다.

　내가 생각하는 또 다른 모범적 인물을 오스트리아의 빈에서 태어난 유대인 빅터 프랭클(Viktor Frankl, 1905~1997)이다. 그는 프로이트와 동시대를 산 신경정신과 의사였다. 프랭클은 1942년에 나치의 아우슈비츠 강제 수용소로 이송된 후 수용소에서의 처참한 상황을 견디면서 인간에게 중요한 것이 무엇인지를 발견했다. 그는 참혹한 환경에서 생활하면서 몸이 바짝바짝 말라가고 발진티푸스에 걸렸다. 프랭클은 이런 상황에서도 자제력을 잃지 않았다. 키르케고르처럼 프랭클은 자신이 이것이냐 저것이냐는 위대한 선택을 할 수밖에 없다고 생각했다. 인간의 품위는 자기 자신을 다스릴 수 있는 능력에서 나온다. 인간은 어떤 순간에도 자신이 어떤 사람이 될 것인지를 자유롭게 결정할 수 있다. 프랭클은 극도로 억압적이고 굴욕적인 상황에서 언제나 용기를 잃지 않고 동료 수감자들에게 용기를 북돋아주기로 결정했다. 이 선택을 함으로써 자신이 억압당할 용의가 없음을 보여주었다. 수용소에서 풀려난 후 프랭클은 수용소에서 했던 경험을 널리 알렸다. 그는 저술활동과 강연을 통해 인생은 아름다운 면만이 의미 있는 것이 아니라 고통과 죽음도 의미를 가지고 있음을 알렸다. 이런 그의 뜻을 받아들이느냐 아니냐에 대한 여부는 각자의 관점의 문제, 선에 대한 의지의 문제이다.

모두가 선한 사람이 되려고 노력한다면 자기 자신뿐만 아니라 다른 사람들에게까지 인생의 의미를 깨우치게 할 수 있을 것이다. 그렇게 해야 마땅하다. 더 많은 의미가 필요하다는 무의미한 생각을 떨쳐버리기 위해서도 말이다.

철학 상담 7

양심 점검하기

선한 사람이 되기 위해서는 따를 수 있는 가치가 있어야 한다. 그렇다면 어떤 가치가 필요한가? 사람들은 이 사회에 가치가 더 이상 존재하지 않는다며 절망적으로 평가한다. 하지만 실제로는 너무 많은 가치들이 존재해서 탈이다. 가치의 다양성은 쾌락 위주의 마구잡이식 삶에서 가치들이 과도하게 자라나기 때문에 생겨난다. 종교적 가치, 윤리적 가치, 문화적 가치, 경제적 가치, 기업 가치, 타인의 가치 등등. 심미적 원칙에 따라 재미를 주는 것만 골라잡을 것이 아니라면 어떤 기준이 있어야 한다. 그리고 되도록 그 기준에 따라 일관적으로 행동해야 한다.

가치 몰락에 대해 불평하기보다는 가치가 너무 많아지지 않도록 하는 것이 중요하다. 매일매일 느닷없이 생겨나는 수많은 가치에 휘둘리면 안 된다. 당신이 원칙으로 삼고 있는 가치들이 내부에서 모순을 일으키지 않게끔 신경을 써야 한다. 만약 당신이 기업가라면 주주, 고객, 직원 그리고 자기 자신의 이익을 동등하게 배려하겠다는 단순한 약속으로는 충분하지 않다. 이해관계에서 나타날 수 있는 모든 갈등상황에 대처할 '기업 철학'을 지녀야 한다. '이윤의 극대화와 사회적 책임,

경제 개발과 환경 보호, 진보와 보수'와 같이 이 세상에는 합의가 제대로 이루어지기 어려운 것들이 많다. 이때 당신에게 유리한 쪽으로 모든 것을 마음대로 좌지우지해서는 안 된다.

당신에게 선한 사람이 되라고 강요하는 사람은 아무도 없다. 당신은 남을 배려하지 않는 행동, 탐욕스러운 행동, 기만적인 행동 들을 마음대로 할 수 있다. 하지만 이 세상이 더 나은 곳이 되기를 원한다면, 더 나은 미래(자기 자신의 미래, 나아가 인류 전체의 미래)에 관심이 있다면, 남이 선을 행할 때까지 기다리지 말고 당신부터 선을 행하면 된다. 이제 몇 가지 예를 들어보겠다.

▶ 당신은 자신이 선한 사람인지 아닌지 모른다. 하지만 다른 사람을 돕는 일이 중요하다고 생각한다. 그래서 알코올중독에서 벗어나기를 원하는 사람들에게 보수를 받지 않고 상담을 해 준다. 그런데 정작 당신은 담배에 중독되어 있다.

알코올중독 환자를 돕는 일은 당신에게 영광스러운 일이다. 하지만 이런 활동이 당신의 담배 중독과 모순을 이루고 있는 듯하다. 스트레스를 해소하려고 담배를 피운다고 가정해보자. 당신은 '흡연 = 해방'이라는 공식이 정말 옳다고 생각한다. 하지만 이것은 착각이다. 진정한 자유는 자가규정(自家規定) 속에 존재한다. 당신은 자기의 자유의사로 다른 사람을 도우려고 한다. 다른 사람이 알코올중독에서 벗어나도록 돕는 당신이 정작 자신의 중독에서 빠져나오지 못하는 이유는 무엇인가? 어떤 도덕과 가치가 당신의 중독을 합리화하는가?

자신의 행동이 어떤 동기에서 나오는 것인지 상관없이, 본인이 어떤 사람이 되기를 원하는지 먼저 차분히 생각해 보라. 의존적인 사람이 되기를 원한다면 그냥 지금까지 하던 대로 살면 된다. 선한 사람이 되기를 원한다면 자신의 결정을 일관되게 유지하는 법을 배워야 한다.

▶ 당신은 키르케고르의 《이것이냐 저것이냐》에 등장하는 심미주의자와 비슷하다. 생활방식을 좀 바꿔보고 싶기는 하지만, 아주 절박한 정도는 아니다. 당신은 진지해지고 싶지만 진지하다는 것이 무엇을 의미하는지는 정확히 알고 있지 않다. '진지하다'는 것은 지루한 것도 아니며 기분 나쁜 것도 아니다. 진지하다는 것은 좀더 참되고 착실한 판단을 하려고 애쓰는 것이다. 도덕적인 영역에서뿐만 아니라 삶의 모든 영역에서 말이다.

그러한 판단을 위해서는 많은 사례들을 접해 봐야 한다. 부자의 삶뿐만 아니라 가난한 삶에 대한 사례를 알아야 하며, 아름다운 것과 추한 것, 선한 것과 악한 것에 대한 사례도 알아야 한다. 또한 자신에게 익숙한 영역을 벗어나야만 판단력을 기를 수 있다. 예를 들면 리조트에서 쉬는 대신 먼 타지로 배낭여행을 떠나보자. 삶의 밑바닥을 경험하고 인류의 스승이 된 빅토르 프랭클과 같은 인물의 전기를 읽어 보라. 그리고 판단을 해 본다. 만약 내가 그와 같은 상황에 처한다면 어떻게 행동했을까? 내가 그러한 환경에서 살아야 한다면 나는 어떻게 행동할 것인가? 나는 주변사람들을 어떻게 대할 것인가? 나는 어떤 사람이 되었을까? 선한 삶을 살기 위해 지금까지 살아온 삶에 절망하거나 후회할 필요는 없다. 선한 사람이 되기 위해 필요한 모든 것이 이미 당신 안에 존재한다. 판단력, 공감능력, 학습능력, 인간으로서의 품위 등이 이미 당신 안에 있다.

품위를 단련할 수 있는 간단한 연습이 있다. 나는 이 연습을 '품위 연습'이라고 부른다. 이제부터 모든 행동을 품위 있게 하기로 결심하라. 앉아 있을 때나 서 있을 때, 누워 있을 때나 걸을 때, 달릴 때나 수영할 때, 차를 마시거나 창문을 닦을 때에도 품위를 지키는 것이다. 그러면 당신의 인생이 보다 장엄하고 값지게 느껴질 것이다. 그리고 예전보다 천천히, 하지만 신중하게 행동할 수 있다. 당신의 마음속에 퍼지는 안정감이 쾌락의 욕구를 약화시킬 것이다.

▶ 당신은 선한 사람이 되기에 아무 문제가 없다. 법을 잘 준수하고 교통질서를 잘 따르며, 부모가 가르쳐 준 것을 엄수한다.

당신이 법을 따르는 한 당신의 행동은 합법적이기만 하다. 말하자면 당신의 행동이 도덕적이라는 말은 아니다. 합법성과 도덕성은 별개의 것이다. 부모의 말을 잘 듣는다고 해서 당신이 선한 사람이라고 주장한다면 이것은 결코 근거 있는 주장이 아니다. 그저 당신이 그렇게 믿는 것이라고 말할 수 있을 뿐이다. 권위적인 인물이나 법에 대한 맹목적 믿음은 단순하고도 위험하기 짝이 없다. 이러한 맹목적 믿음은 개인적인 책임감을 사라지게 한다.

당신이 선이라고 간주하는 원칙에 따라 인생의 방향을 설정해보라. 그 원칙들 사이에 모순이 존재하지 않는 한 아무도 이의를 제기할 수 없다. 당신의 인생에 선을 가져온 위인을 본보기로 삼아라. 행동은 언제나 그 행동을 수행한 사람과 같을 따름이다. 간디나 테레사 수녀, 마틴 루터 킹, 소크라테스 등을 모범으로 삼아라. 그렇게 하면 당신은 이 세상의 어떤 법칙도 자기책임을 대체할 수 없다는 사실을 결코 잊지 않게 될 것이다.

이 철학 실천이 잘 이루어지면 인생의 주요방향을 설정할 수 있다. 그것을 지키느냐 아니냐는 당신의 자유이다. 양심이 있는 사람에게는 양심의 상태를 자각하게 해주고, 양심이 없는 사람에게는 양심을 만들어주는 계기가 될 것이다.

8.
악(惡) _
악은 평범하고 진부한 것이다

악은 오직 결핍이 있을 뿐이다.
-디오니시우스 아레오파기타(Dionysius Areopagita)

∴

악이 과연 존재할까? 존재한다고 해도 자기 자신이나 주변에 알고 있는 사람에게는 존재하지 않는다고 생각한다. '악'이라는 말을 자주 사용하지 않기 때문에 악에 대해 그리 비중 있게 생각하지 않는다. 동화와 신화 같은 이야기 속에서나 등장한다. 사람들은 악을 흔히 악령이나 마녀, 악당과 결부시킨다. 또 세계사의 참상, 시민전쟁, 대량학살, 또는 매체에서 접한 사건사고와도 결부시킨다. 어쨌든 악이 우리와는 직접적인 관계가 없다고 생각한다. 우리 같은 평범한 사람들에게는 악이 일어나지 않는다고 생각하는 것이다. 요제프 프리츨(Josef Fritzl, 오스트리아에서 24년 동안 친딸을 감금하고 성폭행한 범죄자로 2009년 3월 19일 종신형을 선고받음-역주) 같은 괴물이 우리를 위협할 수 있다는 생각에 깊이 빠져들지 않는다. 실제로 그런 일이 일어났는데도 마음속으로는 자신에게는 일어나지 않을 일이라고 여겨버린다. 물론 마음에 들지 않은 동료가 있을 수도 있다. 하지만 그 동료가 악한 사람이라고 말하지는 않는다. 그 동료가 비열하고 교활한 행동을 해서 화가 나더라도 그저 별명이나 하나 지어주고 그의 나쁜 성격을 조롱해버리면 그만이다.

  우리 주변에는 도덕적 잣대를 무시하는 사람들도 있다. 하지만 그들을 두고 양심이 없다고 말할 뿐, 쉽게 악한 사람이라고 평가하지 않는다. 어쨌거나 그들의 뻔뻔스럽고 비열한 행동은 그들 자신의 완벽한 삶을 만들기 위한 수단일 뿐이다. 이러한 맥락에서는 '악하다'라는 말보다는 '수완이 좋다'는 말이 더 어울릴지도 모른다. 어쨌든 그런 사람들이 우리보다 많은 것을 쟁취했으니 말이다. 인기 스타들을 비난하면서도 한편으로는 부러워하는 것도 이러한 이유에서다. 사람들은 자신이 감탄하는 대상만을 부러워할 수 있다.

위대한 논리학자이자 완벽주의자라고 자부하는 인간이 악을 이야기할 때는 상당히 순진해진다. 악은 그저 기괴하고 끔찍한 어떤 것으로 생각한다. 악이 생각지도 못한 형태로 나타날 수 있으며, 자신도 악에 사로잡힐 수 있다는 생각을 도통 하지 않는다. 쉽게 상상할 수 없는 것에 대해서는 아예 생각의 시도조차 하지 못한다. 지식정보화사회에서 가장 필요한 것은 사실뿐이다. 사실에 입각한 해명만이 통제력을 갖기 때문이다. 악한 사건이 일어나면 우리는 신문을 펼치거나 텔레비전 앞에 앉는다. 그리고 사회학자, 심리학자, 정신과 의사, 법조인들이 무슨 말을 하는지 열심히 귀를 기울인다. 예컨대 권위 있는 학자가 나와서 범죄자가 뇌조직이 손상된 사람이라든지 혹은 심각한 성격 장애나 편집증에 시달리는 정신병자라고 설명해주면 걱정이 떨쳐지고 마음이 편해진다. 그러면서 우리는 이러한 진단이 다름 아닌 악을 제압하기 위해 무엇이라도 해보려고 하는 시도라는 사실을 너무도 빨리 망각한다.

사람들은 자기 자신이 악할 수 있다는 가능성을 배제한다. 또한 정말로 악한 사람, 다시 말해 어떤 식으로든 해명할 수 없을 정도로 악한 사람이 존재할 수 있다는 사실을 믿지 않는다. 악이 동화책이나 텔레비전 속에서뿐만 아니라 현실에서도 존재한다면 분명히 '비정상'이라는 범주 안에 그것을 집어넣을 것이다.

플라톤은 인간이 악한 행동을 할 때에는 분명히 어떤 착오가 있을 것이라고 확신했다. 그는 악을 추구하는 사람은 선이 무엇인지 전혀 모른다고 생각했다. 그래서 플라톤은 교육, 특히 선에 대한 계몽을 강조했다. 자신의 착오를 깨우친 사람은 자동적으로 선을 갈구한다는 것이 플라톤의 생각이었다. 말하자면 악은 선을 제대로 이해하지 못한 데서 생겨난 것이다.

하지만 플라톤의 논제 역시 악을 그저 없애버리려는 속수무책의 시도일 뿐이다. 이 세상에 존재하는 어떤 논리도 악을 이 세상에서 쫓아버릴 수 없다. 만약 악을 몰아내는 것이 가능하다면 부정은 더 이상 존재하지 않을 것이며, 사람들은 신을 더 쉽게 믿을 수 있다. 정적의 모함으로 억울하게 사형수가 된 로마의 정치가이자 철학자인 보에티우스(Boethius)는 죽음을 기다리면서 악에 대해 깊은 생각을 하게 됐다. 그는 자신의 저서 《철학의 위안 De Consolatione Philosophiae》에서 그의 유일한 위안이었던 철학을 향해 다음과 같이 묻는다.

"나쁜 짓을 하는 이유는 우리의 나약함에 있다. 제멋대로 행동하는 악인은 신이 지켜보는 가운데 죄 없는 사람에게 공격을 가할 수 있다. 이것은 말도 안 되는 일이다. …… 만일 신이 존재한다면 악은 어디서 오는 것인가? 또 신이 존재하지 않는다면 선은 어디서 오는 것인가?"

그는 계속해서 말한다.

"…… 범죄자의 처벌이 왜 선한 자의 마음을 짓누르는지, 선한 자에게 주어지는 보상을 왜 악한 자가 강탈하는지, 나는 이 사실이 참으로 놀랍다. 이러한 부당한 과오의 원인이 무엇인지 너에게 대답을 듣고 싶다."

이러한 과오에는 아무런 이유가 없다는 것과 선악이 단지 우연적이라는 것은 충분히 타당한 사실들이다. 선과 악은 복권당첨이나 자연재해 같은 우연이다. 만약 우리가 언젠가, 순전히 우연적으로 악을 마주치게 되어 완벽한 삶에 도달하지 못한다는 사실을 알게 된다면 어떠할까? 아마 지금 계획하고 준비하는 데 많은 시간을 쏟아붓는 일이 과연 의미가 있는지 묻게 될 것이다.

2001년 9월 11일, 비행기 한 대가 110층짜리 쌍둥이 빌딩이었던 세계무역센터(World Trade Center)로 추락했다. 주변에 있던 사람들은 처음에는 비행기 조종사의 실수로 사고가 일어난 것이라고 생각했다. 이 사고가 악에 의해서라기보다는 우연과 실수로 발생했을 개연성이 더 크다고 생각했다. 그런데 이 끔찍한 사고 자체는 우연이 아니었다. 하지만 이 사고로 목숨을 잃은 희생자들은 우연이었다. 즉, 이날 누가 살아남고 누가 죽는지는 순전히 우연적인 결정이었다.

이 쌍둥이 건물은 서구 권력, 서구 자본주의, 서구 완벽주의의 상징이다. 이러한 강력한 상징이 그토록 짧은 시간 안에 완전히 파괴될 수 있다는 것을 모든 사람이 이해하기 어려워했다. 사람들은 이 사고를 접하는 순간 말을 잃었고, 각종 매체는 떠들썩했다. 쌍둥이 건물이 불타는 장면이 TV방송을 타고 전 세계에 방영되었다. 그것도 실시간 방송으로 말이다. 하지만 이런 보도로 사건의 전말을 좀더 명확하게 설명하기에는 부족했다. 사고 당일 오후에 CNN 방송은 "NO COMMENT NO COMMENT NO COMMENT NO COMMENT ······"라는 자막과 함께 무성 영상을 내보냈다. 하지만 침묵은 오래 지속되지 않았다. 사고로 인한 경제적 손실이 달러와 유로로 어림 계산되고, 다양한 음모들이 쏟아져 나왔다. 정치인, 학자, 유명 영화배우와 가수 등 각계각층의 전문 인사들이 발언을 하기 시작했다. 그 가운데 이 끔찍한 사고를 지리학적으로 해명하는 발언이 등장했다. 악의 축에 놓인 것은 사악하고, 악의 축에 놓여 있지 않은 것은 선하다는 것이 주장의 핵심이었다. 이 논리대로라면 정의를 위해 기꺼이 범인을 찾아 나서며, 죄 없는 사람들을 죽일 수도 있었다. 결국 미국의 저널리스트 겸 다큐멘터리 감독 마이클 무어(Michael Moore)는 '진실은 무엇인가?'라는 화두를 던지고 말았다. 그의 다큐멘터리 영화를 보면서 사람들은 마음이 가벼워졌다. 모든 것이 그렇게 최악은 아니었다. 적어도 이 사건을 메타 층위에서 고찰한다면, '미국인·탈레반·무기·무지함'이 응축된 최악은 아니라는 말이다. 무어 감독의 다큐멘터리 영화에서는 모든 것이 익살극처럼 보인다.

오늘날 사람들은 쌍둥이 건물에 대해서 거의 생각을 떠올리지 않는다. 그저 끔찍한 일이라고 말할 뿐이다. 하지만 언젠가 분명히 상황은 다시 좋아질 거라고 생각한다. 하지만 그렇게 만들기 위해 우리가 할 수 있는 일은 아무것도 없다고 생각한다. 또 끔찍한 일이 계속해서 일어나지만, 마찬가지로 그런 끔찍한 사건을 막기 위해 우리가 할 수 있는 일도 없다고 생각한다.

우리의 머릿속에는 더 이상의 공간이 없다. 히틀러, 스탈린, 아프가니스탄, 모가디슈(Mogadishu, 아프리카 소말리아의 수도-역주), 하마스(HAMAS, 팔레스타인의 이슬람 저항운동단체-역주), 이스라엘, 석유수출기구(OPEC), 나폴리의 마피아조직 카모라, 카스트로(Castro)……. 이런 것들이 온통 뒤섞여 끊임없이 혼동을 일으킨다. 그 와중에 우리는 아이팟

(iPod)을 연결하고 휴대전화를 손에 들고 채팅을 한다.

현대사회에서는 끔찍한 일들이 연이어 벌어진다. 문제는 이런 끔찍한 일이 계속해서 일어나기 때문에 시간이 흐르면서 그에 대한 감각이 점점 무뎌진다는 것이다. 즉, 우리는 악이라는 어감에서 오는 감각을 잃어가고 있다.

나는 사춘기를 겪는 한 학생을 상담한 적이 있다. 나는 그 학생의 정체성이 잘 확립될 수 있도록 돕고 싶었다. 그는 영화를 아주 좋아한 반면, 독서에는 그다지 관심이 없었다. 따라서 처음부터 철학 서적을 가지고 그를 설득하는 것은 무리였다. 나는 자기 스스로를 소외받은 자, 아웃사이더로 여기는 그에게 1976년에 개봉한 〈택시 드라이버Taxi Driver〉(베트남 전쟁에 참전했다가 정신적 충격을 받은 한 남자가 현실에 적응하지 못하고 결국 총기 난사사건을 일으킨다는 내용-역주)라는 영화를 추천해줬다.

"어땠어요? 주인공과 당신을 동일시할 수 있었나요?"

"네, 어느 정도는요. 저에게도 목표가 없거든요. 그런데 전반적으로 모든 것이 상당히 무의미하다고 느꼈습니다. 그리고 제 생각에, 저는 주인공처럼 그렇게 극단적이지 않아요."

"그 영화가 상당히 끔찍하긴 하죠."

"저에게는 그저 평범한 영화였어요. 그러니까 제 말은, 저에게는 별로 충격적이지 않았다고요."

"어떤 면에서요?"

"음, 잔인함 같은 거요. 저는 이미 열네 살 때부터 스플래터 영화(Splatter Movies, 피가 마구 튀기는 장면을 시각적으로 묘사하는 데 초점을 맞춘 영화-역주)를 보기 시작했어요. 고문이나 나치 수용소와 관련된 방송도 많이 봤고요. 그랬기 때문에 이 영화가 저에게는 그렇게 끔찍한 영화는 아니었어요."

그는 감각이 무뎌진다는 것이 어떤 것인지를 전형적으로 보여주었다. 말과 생각 그리고 느낌이 어떤 관련이 있는지에 대해서 그와 약간의 철학적인 대화를 나누었다. 그 후 그는 자신이 사용하는 어휘가 얼마나 제한적인지 알게 되었다. 그는 자신이 사용하는 '코믹한 언어'를 없애고 싶다고 말했다. 나는 그에게 프란츠 카프카(Franz Kafka)의 《변신Die Verwandlung》을 읽어보라고 조언했다. 《변신》에 등장하는 주인공은 불가해(不可解)성을 상징하는, 즉 우리의 사고로는 결코 이해되거나 직관되지 않는 '딱정벌레'로 변신한다. 얼마 후 청년이 말했다.

"책을 읽어보려고 했는데 도저히 읽을 수가 없었어요."

"왜요?"

"정신적으로 너무 힘들어서요."

"사람을 마구잡이식으로 죽이는 영화를 보고도 멀쩡했잖아요. 그런데 딱정벌레에 관한 책을 읽는 것이 힘들다는 말이에요?"

"네, 견딜 수가 없어요. 어딘가 모르게 우습기도 하고 겁도 나고 그래요. 그렇지 않나요? 이 딱정벌레 이야기, 저한테는 너무 섬뜩해요."

그가 섬뜩하다고 생각한 것은 딱정벌레가 아니라 카프카가 불가해한 것을 말하는 방식이었을 것이다. 그는 이 책을 끝까지 읽지는 않았지만, 어떤 것을 인지하고 적절한 언어로 표현하는 것이 매우 중요하다는 사실을 깨달았다. 어떤 대상을 정확하게 설명해주는 개념과 표현이 중요한 것이 아니라, 생각의 계기를 제공해주는 개념과 표현이 중요하다는 사실을 말이다.

뛰어난 철학자는 언어를 탁월하게 잘 구사한다. 한나 아렌트(Hannah Arendt, 1906~1975)의 '악의 진부성the Banality of Evil'(진부함이나 일상성으로 번역되는 banality의 사전적 의미는 '새롭거나 독창적인 것을 담고 있지 못해 따분하기 그지없는 것'을 말함-역주)이라는 아주 훌륭한 표현을 창조했다. '악의 진부성'이란 악이 기괴한 것도, 끔찍한 것도, 병리적인 것도 아니라 평범하다는 뜻이다. 아렌트는 '아무 생각 없이 사는 것' 자체가 악이라고 말한다. 자신이 하는 행동에 대해 생각을 할 때에만 자신이 악한지 아닌지를 알 수 있다. 생각을 하지 않으면 악을 보지 못할뿐더러 악을 직접 초래하고 널리 퍼뜨리게 된다. 그것도 자신도 모르게, 아주 우연적으로 말이다.

아렌트는 제2차 세계대전 중 유대인 집단학살(홀로코스트)을 주도했던 아돌프 아이히만(Adolf Eichmann, 1906~1962)의 재판에 참관한 뒤, '악의 진부성에 대한 보고서'를 썼다. 아돌프 아이히만은 예루살렘 법정의 판결에 따라 1962년 사형에 처해졌다. 아렌트에 따르면, 아이히만은 정신이상자도 성격 파탄자도 아니었다. 지극히 가정적인 평범한 사람이었는데도 그는 악을 야기했다. 아이히만은 그저 상부의 명령을 충실히 따랐을 뿐, 대량살상자가 되려고 한 것은 아니었다. 우리 역시 주어진 일을 성실히 수행하면서 경력을 쌓아가길 원한다. 이것은 지극히 정상적인 일이다. 아렌트는 《예루살렘의 아이히만Eichmann in Jerusalem》에서 이렇게 적고 있다.

"그러나 여섯 명의 정신과 의사는 그가 '정상'이라는 결론을 내렸다. 그들 중 한 명은 '그를 진료해보니 내 상태보다 더 정상적'이었다고 말했다. 또 다른 의사는 아이히만의 정신 상태는 물론 아내와 아이들, 부모님, 형제자매, 친구들을 대하는 태도는 '정상적일 뿐만 아니라 아주 모범적'이라고 느낄 정도였다."

아렌트가 말한 것처럼, 악한 사람이 악한 사람이 되려고 의도한 것이 아니라면 한 가지 문제가 발생한다. 그렇다면 악의 생성을 어떻게 설명해야 하냐는 것이다. 그 대답은 이렇다. 악의 생성에 대해 어떠한 설명도 할 수 없다는 것이다. 악의 진부성이라는 말에는 설명할 수 없는 것이 포함되어 있다. 즉 평범한 악인은 선에 대한 확신을 가지고 있다. 그렇기 때문에 양심의 가책을 느끼지도 않으며, 자신에게 죄가 있다고 생각하지도 않는다. 그저 다른 사람처럼 경력을 쌓고, 가정을 꾸리며, 주어진 임무에 충실할 뿐이다. 악의를 가지고 있지 않은 선한 의도가 악한 행동으로 이어지는 것은 순전한 우연이다. 한마디로 운이 나쁜 것이다. 아이히만의 불운은 그가 잘못된 부서의 잘못된 책상 앞에 앉아서 잘못된 서류에 서명을 했다는 것이다. 그가 서명한 서류들이 수백만 명의 인명을 앗아간 것이 그의 불운이었다. 만약 그가 나치 부서가 아닌 군병원의 의사가 되었다면, 인명을 앗아가는 대신 사람들의 목숨을 구할 수 있었을 것이다.

평범하고 건강한 사람이 '의도하지 않게 혹은 선의로' 악한 행동을 할 때에는 언제나 자신의 행동에 대해 완전한 책임을 진다. 아렌트가 아이히만의 사례에서 끌어내는 교훈은 생각하지 않았다고 해서 책임을 면할 수는 없다는 것이다. 우연은 변명으로 간주되지 않는다. 인간에게 사고능력이 있고 기본지식에 대해 논리적 사고를 할 수 있는 한 '생각하는 것'은 가능하다. 생각을 할 줄 아는 사람이 생각하지 않는 사람이 된다는 것이 바로 무서운 일이다. 그런데 이는 설명할 수도 없는 일이기도 하다. 왜 생각을 하지 않는 것인지를 밝혀내기는 어렵다.

그렇지만 답을 찾을 때까지 계속 이해하려고 노력해야 한다. 이를 이해하려는 노력을 하지 않는다면 결코 악을 이해할 수 없다. 또 악을 이해하지 못하면 생각 없이 행동하게 될 뿐만 아니라 의도하지 않게 악의 공범이 되는 것이다.

철학 상담 8

진부한 생각 버리기

인간은 지성을 실용적이라고 판단되는 데에만 사용하려고 한다. 성공과 부 이외의 생각은 차단시키면서 정신적인 것을 사고하는 데는 지적인 능력을 거의 사용하지 않는다. 거기까지 생각할 시간적 여유도 없으며, 별로 이득이 되지 않기 때문이다. 생각하지 않는 행위는 바로 이렇게 해서 생겨난다.

스스로 사고하는 행위에 조금 더 주의를 기울인다면 의미의 굶주림에 허덕이지 않을 것이며, 무의미도 줄여나갈 수 있을 것이다. 그리고 무엇보다 악을 물리칠 수 있다. 스스로 사고하는 것은 외부의 힘에 의존하지 않을 때 가능하다. 그것의 본질은 철학자나 어린아이처럼 '왜?'

라는 물음으로 핵심을 파고드는 것이다.

만약 당신이 '시간이 아직 남았나?' 라는 생각을 자주 한다면, 당신이 그 생각을 계속해서 넓혀가고 있는 것이다. 예를 들어 '왜 나는 시간이 아직 남았는지를 끊임없이 생각하는 걸까? 시간의 어떤 성질이 나를 계속 생각하게 만드는가? 시간이라는 것은 도대체 무엇인가?……' 처럼 말이다.

보통의 퀴즈 프로그램처럼 이미 주어진 해답의 범위 내에서 생각을 발전시킨다면 스스로 사고하는 것은 어려워진다. 스스로 하는 사고의 특성은 일의성이 아니라 다의성이다. 올바른 해답을 찾는 것보다 먼저 올바른 질문을 던지는 것이 더 중요하다. 즉 생각을 유발하는 질문을 제기하는 것이 중요하다는 뜻이다. 예를 들어 '내가 아직까지 악의 진부성을 겪어보지 못한 이유는 무엇일까?' 라고 물어보는 것이다. 해답을 찾으려는 생각이 '주어진 어떤 것, 관찰할 수 있는 것'을 해명하는 데 도움이 된다면, 스스로 하는 생각은 '이해 불능의 것, 감각을 통해서도 포착할 수 없는 것'을 이해하는 데 도움이 된다. 스스로 사고하려는 노력을 통해 '진부한 것, 경험적 사고로 이해되는 것'의 위험성과 맞서 싸울 수 있다. 이제 몇 가지 예를 들어보겠다.

▶ 세계 곳곳에서 나쁜 사건이 일어날 때마다 당신은 그 사건에 대한

정보를 남보다 빨리 얻는다. 늘 선정적인 황색잡지를 손에서 놓지 않기 때문이다. 그림과 사진이 많고 텍스트는 얼마 되지 않는 기사를 당신은 아주 좋아한다.

이제는 그런 글과는 정반대의 글을 읽어보도록 하라. 예를 들면 프란츠 카프카의 작품을 읽어 보라. 끝까지 읽는 것이 어렵다면 최소한 한 구절이라도 읽어 보라. 카프카는 불가해한 것을 묘사하는 뛰어난 능력을 가진 작가이다. 그의 작품에는 마치 예언이라도 하듯 20세기의 참상이 고스란히 담겨 있다. 작품 내용은 악몽과도 같으며 그 심오함을 규명하기가 어렵다. 죄와 무죄, 기괴함, 악의 진부성 등 어쩌면 더 많은 내용들이 담겨 있을 수도 있다. 카프카는 자신의 비밀을 무덤까지 가지고 갔다. 다양한 문예학자들이 그의 비밀을 캐기 위해 온갖 노력을 다하고 있지만 성공하지 못했다. 이제 당신 차례이다. 황색잡지를 뒤늦게 구입할 때 느끼는 불안감보다 더 큰 불안감을 안겨줄 카프카의 글과 정면대결해보는 것이다. 평범한 회사원이 밤마다 거대한 딱정벌레로 변신하는 이유를 이해할 수 없다고 한탄할 필요는 없다. 세계무역센터가 불타는 장면을 봤을 때에도 당신은 아무것도 이해하지 못했다. 불가해한 것의 존재를 일단 인식한 다음 스스로 해석해보려는 노력을 해보라. 가장 좋은 방법은 생각의 순간순간을 기록하는 것이다. 불가해한 것이 당신의 삶을 침범한다면 어떤 일이 벌어질지 마음속으로 그려 보라.

▶ 당신의 옆집에 사는 사람은 속물적으로 보인다. 배는 불룩하게 나왔고, 체크무늬 셔츠를 입으며, 시답지 않은 농담을 건넨다. 간단히 말해서 그는 당신을 지루하게 만드는 사람이다. 당신은 그와 어떤 관계도 맺고 싶지 않기에 그에 대한 생각을 일절 하지 않는다.

어떤 사람이 당신의 눈에 지루하게 보인다는 이유로 그 사람을 무시할 수는 없다. 자세히 들여다 보면 그 사람에 대해 생각할 거리를 몇 가지 발견할 수 있을 것이다. 그에 대해 알아내려면 일단 그를 떠올려 생각해야 한다.

'왜 저 사람은 자동차 창문을 검게 코팅했을까? 저 사람의 아내와 말을 한 번도 나눠본 적이 없는데 왜 나만 보면 미소를 짓는 걸까? 저 사람은 혹시 범죄자가 아닐까?'

옆집 사람에 대한 생각을 시작하는 즉시 당신 자신에 대해서도 몇 가지 생각을 하게 될 것이다. 당신은 자신도 모르게 그에 대한 선입관을 갖게 되었음을 깨달을지도 모른다. 그를 '속물적인 사람'이라고 판단한 근거까지 생각이 도달하면, 그가 '백인이라서, 멍청해서, 화학자라서' 라는 새로운 원인이 나올 수 있는 것이다. 그렇다고 해서 변하는 것은 아무것도 없다. 그런데 당신의 주장이 타당성을 얻으려면 대부분의 사람들에게 구속력을 발휘하는 가치판단이 반드시 뒷받침되어야 한다. 만약 "그가 악한 사람이기 때문에 그와 관계하고 싶지 않아."라고 주장하고 싶다면, 왜 그가 악한지에 대해서도 그 근거를 밝힐 수 있어야 한다.

▶ 당신의 품행은 그다지 모범적이지 않다. 그렇기 때문에 항상 양심의 가책을 느낀다. 그리고 이런 양심의 가책에서 벗어나기를 원한다. 그렇다고 당신이 고해를 하러 갈 필요는 없다. 당신의 '수치스러운' 행동이 '죽을 죄'의 범주에 속하는지 아닌지를 스스로 점검해보기만 하면 된다. 그리스 헬레니즘 철학에는 일곱 가지 악습이 있었다. 이 악습은 중세 신학에 들어서서는 '일곱 개의 대죄'라고 불렸다. 이 죄목들은 오늘날까지 그 의미가 유효하다.

탐욕 → 끊임없이 이익을 추구하려는 것
폭음과 폭식 → 넘쳐나는 패스트푸드
시기심 → 오직 다른 사람에게만 기준을 두는 것
호색 → 무분별하고 과도한 섹스
자만 → 나르시시즘
분노 → 높은 에너지 요금에 대한 분노

게으름 → 알코올중독

이 중에서 당신이 한 가지 혹은 그 이상의 악습을 가지고 있다고 절망하기엔 아직 이르다. 실수하지 않는 사람은 없으며, 모든 사람에게 실수를 만회할 수 있는 두 번째 기회가 주어진다. 가장 먼저 '나는 왜 죄를 짓는가? 나는 왜 그 많은 선택사항 중에서 죄를 택했을까?'라는 질문을 해 보기 바란다. 어떤 대답을 찾게 될지에 대해 두려워하지 말고 계속 생각해야 한다. 죄를 지으면서 시간을 헛되게 보내지 않는다면 얼마나 많은 시간이 당신에게 주어질지 생각해 보라.

이 철학 실천이 잘 이루어지면 당신은 감자튀김을 입안으로 쑤셔 넣듯 수많은 정보들을 삼키지 않아도 될 것이다. 자신이 무슨 말을 어떻게 할지에 대해 더 신중하게 생각하게 될 것이며, 자신의 행동에 대해 더욱 근본적으로 성찰하게 될 것이다. 이를 통해 선과 악에 대한 자신만의 생각을 발전시킬 수 있을 것이다. 나아가 도덕적 문제와 관련해서도 더 이상 다른 사람들의 진부한 대답을 따를 필요가 없어질 것이다.

9
우정 _
우정과 위선을 구분하다

친구에게 손을 내밀되, 주먹을 쥐고 내밀어서는 안 된다.

-디오게네스 라에르티우스(Diogenes Laertius)

∴

　친구가 없다면 세상이 힘겹게 느껴질 것이다. 한 치 앞도 내다볼 수 없는 세상에서 외로움을 느끼지 않으려면 친한 사람이 몇 명 정도는 있어야 한다. 마음이 통하면서 우리가 통제할 수 있다고 생각하는 사람들로부터 인정을 받는 것도 필요하다. 친구는 우리와 다를 바 없는 사람이다. 그들 역시 우리처럼 열심히 노력하며 산다. 우리는 친구와 함께 우리 삶에 어떤 좋은 일이 일어나기를 기대하면서 각자의 영역에서 노력을 하며 나란히 앞으로 나아간다. 그 과정에서 전화도 하고 파티도 즐기면서 서로를 돕고 격려한다. 큰 사건 없이 세월이 흘러간다. 우리는 점차 변하고 우정도 함께 변한다. 우리는 친구를 통해 자신이 어떤 사람인지, 과거에 어떤 사람이었는지를 알 수 있다.

　어린 시절 유치원이나 학교에서 만나 같이 놀며 자란 벗을 두고 죽마고우라고 말한다. 각자의 성향이 서로 달라도 죽마고우와의 관계는 대학 친구보다 더 끈끈하다.

　어릴 때 나는 친구를 많이 사귈수록 좋은 거라고 생각했다. 하지만 학교를 졸업할 즈음에 비로소 그 친구들과 함께한 것이 별로 없다는 사실을 깨달았다. 스무 살에서 스물다섯 살 사이에는 한 명 한 명 이름을 다 기억할 수 없을 정도로 아주 많은 친구들이 있었다. 그런데 어느 순간부터 그러한 관계들 속에서 허망함을 느끼게 되자 곁에 남아 있는 친구들이 점점 줄어들었다.

성인이 된 우리는 이제 사람들을 식별할 줄 안다. 누가 우리에게 잘 대해주고 누가 그렇지 않은지 알고 있다. 지금까지 친하게 지내는 친구들이 몇 명 있다. 그들을 통해 자신이 어디쯤 와 있는지를 볼 수 있다. 그들은 우리를 인정해주고, 우리가 어떤 사람이 되려고 하는지를 확인시켜 준다. 이 친구들과 우리는 공통점이 많다. 쥐꼬리만큼의 수입이나 음악적 취향 같은 데서 말이다. 그들은 우리처럼 꽤 지적이고 예민한 사람들이다. 그들은 우리의 일부분이라고 볼 수 있다. 예를 들어 그 친구들 중 한 명이 빔 프로젝터를 새로 장만하면 그가 어디서, 얼마에 샀는지를 거의 맞출 수 있다. 우리는 이 친구들 때문에 더 이상 놀랄 일이 없다. 그들과 우리 사이에는 긴장감이 생기지 않으며, 모든 것이 조화롭게 흘러간다. 연인이나 부부 사이에서 있을 법한 극적인 사건도 발생하지 않는다. 우정에서 중요한 것은 동일한 출신, 동일한 견해, 동일한 사회적 지위 등이다.

완벽한 삶에 도달하기 전까지는 우리와 우리의 친구 앞에 놓인 모든 상황들이 순조롭다. 목적지를 향해 나란히 뛰어가는 동안에는 서로를 차분히 격려하고 동정할 수 있다. 하지만 이것이 영원히 지속되지는 않는다. 친구 한 명이 갑자기 다른 친구를 추월하는 순간 조화는 깨지기 시작한다. 이제는 산책이 아니라, 달리기 경주가 시작되었다는 것을 인식하기 시작한다. 그리고 이 경주에서 2등을 해서는 안 된다고 생각한다. 아직 경주가 끝난 것도 아닌데 뒤처지는 사람은 자동적으로 패배자가 되는 것이다. 10년 혹은 20년 후의 삶보다 현재의 삶이 어떤지에 더 비중을 둔다. 친구가 지금 이 순간 우리를 앞서 나갔다면 앞으로도 영원히 우리를 앞서 나갈 것처럼 느껴진다. 적어도 지금 이 순간만큼은 이런 생각이 들고, 이 생각만으로도 충분히 절망하게 된다. 친구가 우리를 앞서 나갔다는 것은 우리보다 더 현명한 선택을 했다는 것을 의미한다. 친구는 우리가 중요하지 않다고 생각한 선택사항을 택하고 그것을 실행에 옮겼다. 우리가 눈여겨보지 않은 선택이 친구에게는 최우선의 선택이 된 것이다. 친구가 갑자기 결혼발표를 하면 또 다시 경쟁이 시작된다. 친구에게 완벽한 결혼상대가 있다면 우리에게도 지금 당장 완벽한 결혼상대가 필요하다. 인터넷을 뒤져서라도 완벽한 결혼상대를 찾아내려고 한다. 친구가 우리를 앞서 나갈 때 느끼는 압박감은 엄청나다. 선택사항을 체크하고, 계획하고 준비하면서 몇 년의 시간을 투자해도 그럴 듯한 일이 일어나지 않고, 신경만 점점 날카로워진다.

　반면 우리가 친구를 앞서 나갈 때에는 상황이 완전히 다르다. 의도하건 의도하지 않건 이런 일은 갑자기 발생한다. 예를 들어 갑자기 회사의 임원으로 선출되거나 갑자기 큰돈이 생길 수 있다. 그러면 고급 자동차를 사고 친구들이 애쓰며 사는 모습을 동정어린 시선으로 관망한다. 아무리 친한 친구라도 동정심을 겉으로 표현하지는 못한다. 프랑스의 작가 라 로셰푸코(La Rochefoucauld)는 이렇게 말했다.

"절친한 친구의 불행에서 우리는 언제나 만족감을 느낀다."

상황이 별로 좋지 않을 때에도 우리는 친구에게 인정받기를 원하지만, 우리가 친구를 앞서는 순간에는 더더욱 인정받고 싶어 한다. 타인에게 요구하는 것을 친구에게도 똑같이 요구하는 것이다. 이때 우리는 친구가 우리의 일부이기도 하고, 영원한 남이기도 하다는 사실을 깨닫게 된다.

젊었을 때에는 이런 사실을 별로 중요하다고 생각하지 않는다. 하지만 시간이 흐르면서 우정 역시 다른 인간관계처럼 복잡하다는 것을 깨닫는다. 우리는 친구가 아닌 사람을 친구라고 부르는 경우가 많다. 생판 모르는 사람에게 말을 낮추고 포옹을 하면서 친한 척을 한다. 물론 누가 진정한 친구인지 알고 있으나 그렇게 하는 이유는 그들이 우리에게 어떤 이득을 가져다줄 거라고 기대하기 때문이다. 프랑스의 인문학자 미셸 드 몽테뉴(Michel de Montaigne, 1533~1592)는 우정에 대하여 이런 말을 했다.

"우리가 보통 '친구' 혹은 '우정'이라고 부르는 관계는 기껏해야 가까운 지인과의 사이에서 가능하다. 이런 관계는 특정한 계기가 있거나 모종의 이득을 위해 생성되며, 그저 이 범주 내에서만 결합될 뿐이다."

가짜 친구가 많을수록 선택의 폭은 더욱 늘어난다. 무선 네트워크로 연결된 세상에서 휴대전화에 저장되어 있는 이름의 수는 그 사람의 지위를 보여주는 걸지도 모른다. 물론 실제 이름이라는 전제하에서 말이다.

사람들은 영향력 있는 친구를 사귀려고 좋은 옷과 훌륭한 입담으로 그들의 시선을 끈다. 또 한시도 웃음을 잃지 않고, 가식과 위선의 가면을 쓰기도 한다. 하지만 진정한 친구라면 상태가 더 악화되기 전에 가면을 벗겨줄 것이다. 인간은 언제나 주위를 경계하고 감시하려고 하지만 가상과 실재를 구분하지 못할 때가 많다. 예를 들어 친한 '친구'가 "내가 지금 너한테 한 말을 아직 아무한테도 말하지 않았어."라며 비밀을 털어놓으면 우리는 쉽게 경계심을 풀어버린다. 마치 자신이 군계일학이라도 된 것처럼 느끼면서 상대가 우리를 신뢰하는 이유가 우리가 가진 영향력 때문이라고 믿는다. 그리고 비밀을 털어놓은 그 친구가 자신과 같은 차원의 사람이라고 생각하고 큰 호감을 느끼게 된다. 하지만 보통은 "나도 너한테 꼭 할 말이 있어."라면서 그 친구에게도 역시 어떤 비밀을 말해주기 바로 직전에 등을 돌린다. 그러면 갑자기 실상을 깨닫게 된다. 자만심과 솔직함을 혼동한 자신의 모습을 말이다. 이런 일은 의도하지 않게 계속해서 반복된다.

사람들은 자신이 가진 것에 만족하지 못하고 얻을 수 없는 것을 기대한다. 기대하는 것을 얻지 못할 때는 억울하다고 생각한다. 위로를 받기 위해 친한 친구들을 찾아간다. 하지만 친구들은 일 때문에 너무 바빠서 시간이 없다. 그러면 친구에게 배신당했다는 생각에 더욱 비참함을 느낀다.

어느 정도 친구 관계로 간주할 수 있는 사이의 정을 모두 우정이라고 부른다면 우정은 그 진정한 의미를 잃게 된다. 친구와 타인의 경계가 희미해지는 것이다. 그러면 결국 사람들은 모든 사람에게 똑같이 무뚝뚝하게 대하고, 아무도 신뢰하지 못할 것이다. 그런데도 친구 행세는 여전히 할 것이다. 이런 우정을 우리는 어떻게 생각해야 할까? 몽테뉴는 이렇게 말했다.

"대개 나이가 들어 견고한 자기의 성격이 만들어졌을 때 비로소 우정을 판단할 수 있다."

하지만 나이가 들 때까지 기다릴 수 없다. 자신의 상황이 어떠한지 당장 알기를 원한다. 생산적이지 못한 관계에 에너지를 쏟고 싶지도 않다. 진정한 우정이 있는 곳을 알려주는 탐지기라도 있었으면 좋겠다고 생각한다. 진정한 우정이 그토록 어려운 이유는 우정에는 사용설명서가 없기 때문이다. 우정의 규칙에 대해 그 어느 곳에도 명확히 규정되어 있지 않다. 하지만 이것이 장점이 될 수도 있다. 확고하게 명시된 우정의 규칙이 있었다면 더 이상 우정이 아니라 책임에 대해서 거론해야 하기 때문이다. 특히 친구를 도울 때 의무감을 느껴서는 안 된다. 의무감으로 한 행동이라면 그것은 더 이상 우정이 아니라 타인에 대한 형식적인 배려일 뿐이다.

사람들이 친구를 소중히 여기는 이유는 친구와는 모든 것을 이야기할 수 있기 때문이다. 하지만 우정 자체를 거론하지는 않는다. 친구와 나 사이의 우정에 대해 말하기 시작하면 자칫 싸움이 일어날 수 있다. 갑자기 우정에 도덕적 요소가 생겨나면서 그 사이에 있었던 일들에 대한 책임을 상대에게 돌려버린다. 그러면서 관계를 새롭게 규정하려 든다. 이렇게 해서 수십 년 동안 유지하던 우정에 금이 가면 마치 생활의 토대가 사라진 것처럼 느껴진다.

우정을 나누는 사이에서는 잘못과 허물에 대해 우리가 직접 판단해야 한다. 끈끈한 우정은 솔직함, 자제심, 배려 같은 근본법칙을 바탕으로 생겨난다. 만약 우리가 상대에게 책임을 전가하려고만 한다면 친구의 수는 급격히 줄어들 것이다.

우정을 바탕으로 한 관계에서는 의무라는 것이 존재하지 않기 때문에 모든 책임을 떠맡을 필요도 없다. 친구 한 명에 대해 모든 친구가 함께 걱정을 해 주면 된다. 예를 들어 친구 A가 강연을 하러 다른 도시에 가는데 같이 가자고 부탁하면 부드러우면서도 단호하게 거절할 수 있다. 그리고 이렇게 덧붙일 수 있다.

"내 생각인데 말이야. 네가 B에게 같이 가자고 하면 B는 무척 기뻐할 거야."

가끔씩 이렇게 약간의 부담감을 다른 친구에게 전가하면 혼자만의 시간을 가질 수 있다는 장점이 있다. 주변에 항상 친구가 있을 필요는 없다. 자기 자신도 좋은 친구가 될 수 있다. 즉, 혼자 있을 때는 자기 자신이 가장 좋은 친구이다. 이 말에는 우정의 비밀이 담겨 있다. 그것은 바로 자기 자신이 진정한 친구라는 사실이다. 다른 친구들과의 우정이 산산조각이 나도 자기 자신만은 언제나 그 자리에 존재한다. 우리에게 필요한 것은 바로 자기 자신이다. 궁극적으로는 자기 자신과 좋은 관계를 유지해가야 한다. '우리'가 사라져도 끝까지 남아 있을 '나'와 '자기 자신'과의 관계, 이 관계는 다른 사람과의 우정을 위한 전제조건이 된다.

우정의 가치를 높게 평가했던 고대 그리스의 철학자 에피쿠로스(Epicurus)는 의존적인 우정은 무의미하다고 간주했다. 그는 우정과 독립을 같은 선상에 놓으며 우정과 독립을 대립되는 개념으로 보지 않았다. 그는 친구들의 도움이 우리를 돕는 것이 아니라, '친구들이 도와줄 것이다'라는 믿음이 우리를 돕는다고 말했다. 이 믿음은 오직 자기 자신에 대한 신뢰에서만 생겨날 수 있다. 자기 자신을 신뢰하듯이 친구를 신뢰할 수 있는 것, 이것은 친구를 갖기 위한 전제조건이다.

철학 상담을 하다보면 현재 친구가 없으며 앞으로도 필요하지 않다고 말하는 의뢰인들을 간혹 만난다. 그 이유를 물으면, 그들은 친구를 위해 할애할 시간이 없다고 대답한다. 그러면 나는 이렇게 묻는다.

"당신에게 문제가 있나요? 당신은 당신 자신을 잘 알고 있나요?"

의뢰인들은 대부분 그렇다고 대답한다. 그럼 나는 이어서 이렇게 말한다.

"저는 이해가 잘 안 돼요. 친구를 위한 시간이 없다고 말씀하시지 않으셨나요? 그럼 당신 자신을 위한 시간도 없는 것 아닌가요? 그러니까 당신은 자기 자신과도 함께 있는 게 아니라는 말입니다. 다시 말해 당신이 당신 스스로를 전혀 모른다는 겁니다. 그런데 어떻게 자신을 잘 알 수 있죠?"

내가 이렇게 질문하는 목적은 의뢰인에게 우정의 의미를 일깨워주기 위해서이다. 다른 사람뿐 아니라 자기 자신과의 관계에서도 진정한 우정을 쌓아가야 한다. 그것만이 인정받으려는 갈망과 거절에의 두려움으로부터 우리를 해방시킬 수 있다. 이러한 우정이 없이도 혼자서 모든 것을 잘 헤쳐 나갈 수 있다고 생각하는 사람은 가련한 존재이다.

철학 상담 9:

진정한 친구 찾기

우리가 타인에 대해 취하는 자세는 분열되어 있다. 타인은 우리에게 꼭 필요한 존재이지만, 한편으로는 몹시 불쾌한 존재이기도 하다. 타인이 필요한 이유는 인간은 결코 혼자 살 수 없기 때문이며, 또 타인이 불쾌한 존재인 이유는 자기 자신을 끊임없이 그들과 비교하게 되기 때문이다.

친구는 특별한 유형의 타인이다. 우리는 타인에게 상처를 받으면 친구를 찾아가 위로를 구한다. 친구에게서 긴장감 대신 정서적인 일체감을 느끼기를 기대한다.

사람들은 친구와 타인 사이에 아주 분명하게 경계선을 긋는다. 타인에게서 느끼는 소외감과 외로움이 친구 옆에 가면 사라진다. 친구들에게 감정적으로 대하고, 매우 긴밀해지게 되는 것은 바로 이러한 이유에서이다.

당신이 고개를 절레절레 흔들면서 이런 현실을 무의미하다고 생각한다면 당장 지금부터 행동을 시작할 수 있다. 이 사회에 더 많은 공동사회를 만드는 것이다. 먼저 당신이 해야 할 일은 혼자 있는 법을 배우는 것이다. 공동사회에 이르는 가장 좋은 수단이 혼자 있는 것이기 때문이다. 혼자는 하나가 아니라 둘을 의미한다. 말하자면 당신은 혼자가 아니라 자기 자신과 함께 있는 것이다. 당신이 실제로 모든 것을 공유할 수 있는 유일한 사람, 당신이 모든 것에 대해 신뢰할 수 있는 사람인 자기 자신과 함께 있는 것이다. 당신의 비밀을 안전하게 지킬 수 있는 유일한 사람, 당신이 행하는 모든 것을 이해하는 사람 역시 당신 자신이다. 말도 안 되는 난센스처럼 들리겠지만 말이다.

당신은 오롯이 자기 자신과 함께 있는 것보다 다른 사람들 속에서 혼자 있는 것이 훨씬 더 견디기 어려워한다. 인간은 자기 외에는 다른 어떤 사람과도 동일시될 수 없기 때문에 늘 오해가 생기기 마련이다. 오직 자기 자신하고만 완벽한 일치를 이룰 수 있다. 그러므로 완전히 혼자가 되어 어떤 일을 해보는 데 익숙해질 필요가 있다. 자기 자신과의 우정을 쌓을 수 있도록 말이다. MP3플레이어를 귀에 꼽지 말고 자전거 여행을 하면서 자신의 생각해 집중해보는 것은 좋은 방법이다. 그리고 자기 자신에 대해 하나씩 알아가는 것이다. 자기 자신에게 모든 것을 말할 수 있다는 사실에 깜짝 놀라게 될 것이다. 친구의 이야기를 경청하듯 자신이 하는 이야기에 귀 기울여보라. 자신에 대해 좀더 알게 되면 진정한 친구와 가짜 친구 사이의 미묘한 차이를 발견하게 될 것이다. 자신을 잘 앎으로써 당신의 친구들, 나아가 모든 사람들을 더 잘 파악할 수 있게 될 것이다. 이제 몇 가지 예를 들어보겠다.

▶ 당신에게는 아주 절친한 친구가 한 명 있다. 그는 당신의 모든 것이라고 해도 과언이 아니다. 그 말고 다른 친구가 몇 명 더 있기는 하지만 당신은 그들에게는 별로 신경을 쓰지 않는다. 그 친구가 당신에게 시간을 내 주지 못할 때 당신은 텔레비전, 특히 토크쇼를 본다.

절친한 친구가 한 명쯤 있다는 것은 아주 유쾌한 일이다. 물론 그 친구가 유일한 친구가 아니라는 전제하에서 말이다. 어릴 때에는 친한 친구들을 아주 많이 사귄다. 그 친구들은 우리가 자기 자신을 알아가는 데 도움을 준다. 성인인 당신이 어떤 한 사람을 자신의 유일한 친구이자 절친한 친구라고 생각한다면 이것은 다음과 같은 것을 의미할 수 있다.

a) 당신은 자신이 누구인지 여전히 모른다.
b) 당신은 잘 모르는 사람에게 깊은 불신감을 품고 있다.
c) 당신에게는 자신을 이끌어 줄 지도자가 필요하다.

d) 당신은 혼자 있는 것을 두려워한다.

당신이 a, b, c, d 중에서 어디에 표시를 했든, 위의 네 가지는 서로 밀접한 관계에 놓여 있다. 자신이 누구인지 모르는 이유는 모르는 사람을 불신하고 자기 자신을 가두어 두었기 때문이다. 모르는 사람을 믿지 못하는 이유는 오직 자기 자신을 이끌어 주는 지도자만 믿기 때문이다. 지도자가 필요한 이유는 혼자 있지 못하기 때문이다. 만약 당신이 혼자 있을 수 있다면 당신의 삶을 무의미하게 만드는 토크쇼 따위는 들여다보지 않을 것이다. 출연자들이 제각기 자기 이야기를 하는 토크쇼에서 진행자는 마치 모든 사람의 말을 전부 이해하는 것처럼 보인다. 솔직하게 말해 당신이 토크쇼 방송에 열중하는 이유는 그 내용 때문이 아니라, 진행자를 매력적이라고 생각하기 때문일 것이다. 절친한 친구가 옆에 없을 때 TV 속의 토크쇼 진행자를 그러한 친구로 착각하는 것이다. 친구가 당신을 위해 시간을 내 주지 못하는 몇 시간 동안 당신은 TV 속 친구인 토크쇼 진행자와 마치 실제로 대화하는 것 같은 느낌을 받는다.

하지만 절친한 친구도, TV 속 친구도 진정한 친구가 아니라는 사실을 깨달아야 한다. 당신은 혼자 있다는 느낌을 갖지 않기 위해 그들에게 의존하는 것뿐이다. 또 한 가지 덧붙여 말하고 싶은 것은 당신의 최고의 친구는 바로 당신 자신이다.

▶ 당신이 복권에 당첨되자 예전과 달리 갑자기 많은 친구들이 생겼다. 당신은 그들이 진정한 친구인지 아닌지를 구별해내야 한다.

당신의 상황이 좋을 때에만 옆에 있는 친구는 당신이 제공할 만한 무언가(돈이나 정보)를 가지고 있을 때 어김없이 나타난다. 반대로 당신의 상황이 좋지 않거나 당신이 그에게 어떤 것(위안이나 충고)을 필요로 할 때 그는 갑자기 사라져버린다.

진정한 친구를 판별하는 기본적인 원칙은 친구를 대할 때, 그들이 당신에게 대하는 대로 똑같이 해주는 것이다. 안부를 자주 물어오는 친구에게는 당신도 자주 연락해서 안부를 묻는다. 당신에게 지속적으로 해코지를 하는 친구한테는 안부전화 따위는 하지 않는다. 당신에게 뭔가 기대하는 것이 있을 때에만 옆에 있는 친구는 그저 스치는 바람처럼 지나치면 된다.

▶ 당신에게는 좋은 친구들이 몇 명 있다. 하지만 바쁜 일상 때문에 최근 그 친구들에게 연락을 자주 하지 못했다. 하지만 당신은 친구들이 특별한 불평을 하지 않는 한 우정은 계속 이어질 것이라고 굳게 믿고 있다.

인간의 기억은 빛바랜 추억을 미화시키려는 경향이 있다. 서로 얼굴을 보는 횟수가 뜸해질수록 상대를 점점 이상화시킨다. 또 상대를 이상화시킬수록 더욱 많은 환상을 갖게 된다. 자기 자신에게 이렇게 물어 보라.

'친구들과 연락을 하지 않아도 우정이 계속 이어질까? 친구 사이에 활발한 연락이 없어도 우정이 지켜질까?'

다양한 우정만큼이나 우정의 규칙도 다양하다. 타인에게서 기준을 찾으려 하지 말고, 당신이 자기 자신에게 대하는 태도를 기준으로 삼아 보라. 아주 가까운 관계(의존)와 아주 먼 관계(관계 상실)의 중간을 택하는 것은 분명히 나쁜 선택은 아닐 것이다. 어느 경우에든 명심해야 할 사실은, 우정은 영원히 지속되지도 않으며, 또 소리 없이 조용히 사라질 수도 있다는 것이다.

▶ 당신의 친구가 결혼을 앞두고 있다. 하지만 당신은 친구의 결혼 상대남이 몹시 마음에 들지 않는다. 그런데 더욱 당황스러운 일은 그녀가 자신의 예비 남편에게 푹 빠져 칭찬을 늘어놓으면서 당신에게 그에 대한 생각을 물어본다는 것이다.

당신은 딜레마에 빠져 있다. 친구에게 듣기 좋은 말을 해 주고 싶다가도 솔직하게 말하고 싶기도 하다. 이론적으로는 누구나 친구에게서 솔직함을 기대한다. 하지만 실제에서는 상황이 조금 다르다. 즉 자기가 듣고 싶어 하는 말만 친구에게서 듣기를 바란다. 친구끼리의 솔직함은 특정한 상황에서만 바람직하다. 친구가 도움을 필요로 하지 않는 한 듣고 싶어 하는 이야기는 단 하나이다. 바로 너는 예쁘고 똑똑하며, 취향도 훌륭하며, 특히 배우자를 선택하는 데도 취향이 뛰어나다는 이야기 말이다.

친구가 행복해하는 한 당신이 솔직해져야 할 이유가 없다. 이때 진실을 말하지 않는 것은 거짓말이 아니라 예의를 지키는 것이다. 누구도 진실이 무엇인지 모른다. 모두가 각자 자신의 진실을 가지고 있다. 진실을 침묵하는 것은 상대의 의견을 존중하는 것임을 알아야 한다. 당신이 스스로 생각하고 행동에 책임을 질 수 있는 성인으로서 친구를 존중하고 있음을 나타내 보여라. 이러한 예의 있는 행동으로 당신이 친구임을 확인시켜준다. 친구의 예비남편이 정말로 형편없는 사람일지라도 말이다.

▶ 당신은 좋은 친구들이 있고, 자기 자신도 잘 알고 있다. 하지만 혼자 있는 것은 싫어한다.

우정을 꼭 사람하고만 만들 필요는 없다. 책과 우정을 쌓을 수도 있다. 책은 훌륭한 친구이다. 책은 당신이 꼭 듣고 싶지는 않아도 고맙게 생각할 수 있는 진실을 말해준다. 당신이 책에 대한 예의를 지킨다면 책은 평생 당신의 곁에 있다. 사람처럼 책도 어느 정도의 관리가 필요하다. 예를 들어 책을 돌보지 않으면 두껍게 쌓인 먼지로 대답한다. 그런데도 책은 당신에게 곧바로 절교를 하자고 선언하지 않는다. 책은 가장 돈독한 친구가 될 수 있다. 책은 당신을 떠나지 않는다. 가끔씩 책이 당신에 대해 나쁜 말을 하더라도 말이다.

이 철학 실천이 잘 이루어지면 당신은 우정과 위선을 좀더 확실하게 구분할 수 있게 될 것이다. 혼자 있는 것에 대해 더 이상 불평하지도 않을 것이며, 완벽한 우정을 찾으려는 헛된 노력도 그만두게 될 것이다.

10
낯섦 _
낯선 것은 비정상적인 것이 아니다

인간은 자연적 존재일 뿐만 아니라 자기 자신, 그리고 타인에게 신비스럽고 낯선 존재이다.
-한스 게오르크 가다머(Hans-Georg Gadamer, 1900~2002)

...

우리는 자신이 누구인지에 대해 생각하지 않고, 자신이 무엇을 가지고 있는지에 대해 생각한다. 따라서 다른 사람에게 "당신은 누구입니까?"라는 질문을 하지 않으며, '나는 누구인가?'라는 질문을 스스로에게 던지지도 않는다. 기껏해야 인간관계가 틀어졌을 때나 해고를 당했을 때, 아니면 몸이 몹시 아플 때처럼 예외적인 상황에서만 '나는 누구인가?'라는 생각이 머리를 스쳐지나갈 뿐이다. 이 질문에 대한 대답을 찾으려고 하면 머리가 아주 지끈거린다.

특히 이제는 퀴즈 프로그램보다는 오디션 프로그램이 인기를 누리는 시대이다. 지원자를 향한 요구는 더욱 강력해졌다. 지원자들은 이제 더 이상 자신이 누구인지를 보여주는 것이 아니라 자신이 아닌 모습, 어쩌면 자신의 모습이 될 수 없는 모습을 보여준다. 톱모델이나 슈퍼스타를 뽑는 오디션 프로그램을 보라. 지원자는 심사위원이 시키는 것을 일단 다 시도해본다. 그것이 자신이 꿈꾸는 정체성과 들어맞지 않으면 또 다른 정체성을 찾는다. '나는 누구인가?'라는 질문에 대한 대답은 아주 간단하다. 바로 '지원자'이다. 그렇다. 모든 사람이 지원자이다. '완벽한 삶'이라는 쇼에서 일인자가 되기 위해 시합을 벌인다. 하지만 퀴즈 프로그램과는 달리 우리의 출발점은 빈 저금통이 아니라 '나는 나를 잘 모른다'는 확신이다.

다중정체성의 정글에서 이정표가 될 수 있는 것은 친구이다. 친구는 우리 자신이 아니지만, 우리와 거의 다를 바가 없는 사람이다. 친구들은 각각 우리 자신의 한 부분을 대변하지만, 어느 누구도 우리와 완전히 일치하지는 않는다. 친구가 늘 친하기만 한 것이 아니라 가끔씩은 낯설게도 느껴지는 것은 바로 이러한 이유에서이다. 친구가 일시적으로 낯선 사람이 되는 상황은 함께 여행을 갈 때 전형적으로 연출된다.

예를 들어 친구들과 함께 섬나라로 여행을 떠났다고 가정해보자. 그곳으로 여행을 가는 목적은 그곳 원주민의 삶을 구경하는 것이 아니라 우리끼리 있기 위해서이다. 처음 며칠 동안은 모든 것이 즐겁다. 그러다가 닷새 엿새가 되면 갑자기 A라는 친구가 자신의 비타민이 어디에 있는지를 찾기 시작한다. 부엌을 여기저기 뒤적거리며 분주하게 비타민을 찾는 A는 원래 이렇게 분주한 친구가 아니다. 그가 분주하게 우왕좌왕하는 모습을 본 우리는 갑자기 웃기 시작한다. 배를 부여잡고 웃고, 농담조의 말을 건넨다. 하지만 A는 웃지 않는다. 오히려 비타민을 어디 숨겨놓은 것이 아니냐며 우리를 추궁한다. 우리는 더 크게 웃는다. A는 소리를 지르기 시작한다. 우리가 제정신이 아니라는 둥, 비타민을 숨겨놓아서 재미있냐는 둥, 자기를 바보라고 생각하느냐는 둥, 숨겨놓은 것을 자기가 모를 것 같으냐는 둥, 우리가 자기의 칼과 티셔

츠도 훔쳐갔다는 둥 큰소리로 말한다. 그 순간 웃음이 딱 멈춘다. 우스운 분위기가 갑자기 사라지고 썰렁한 분위기로 돌변한다. 우리는 놀래서 입을 다물지 못한다. A는 온종일 아무 말도 하지 않는다. 다음 날 아침, 우리는 대화를 나누고 포옹을 한다. 모든 것이 다시 좋아진다. 아주 짧은 시간 동안 A는 우리에게 낯선 존재가 되었다가 이제 다시 정상이 되었다. 다행히도 우리가 알고 있는 정상적인 친구 A가 된 것이다.

우리는 낯선 사람을 만나기 위해 굳이 멀리까지 가지 않아도 된다. 가끔은 낯선 사람이 우리를 찾아오기도 한다. 친구를 집에 초대하는 상황을 생각해볼 수 있다. 예를 들어 다른 지방에 사는 B라는 친구를 집에 초대한다. B와 우리는 통하는 구석이 많다. 같이 지내는 룸메이트의 양해를 구해 주말 동안 B를 집에서 재운다. B에게 "너네 집인 것처럼 편안하게 지내."라고 말한다. B 역시 자기 집처럼 편안하게 생각하며 지낸다. 그런데 불과 몇 시간 만에 집이 엉망진창이 된다. 우리는 B가 넘지 말아야 할 경계선을 넘었다고 확신한다. 이를테면 B와 우리 사이의 경계 말이다. 우리 집이 갑자기 B의 집이 되어 버렸고, 그런 우리 집이 낯설게만 느껴진다.

위의 사례에서 알 수 있는 것은 우리가 알고 있는 익숙한 것 외에 또 다른 것, 즉 낯선 것이 존재한다는 사실이다. 사람들은 낯선 것은 정상이 아니라고 생각한다. 즉, 자신에게 낯설게 느껴지는 모든 것은 정상이 아니며, 이는 곧 자신은 정상이라는 증거이다. 자신이 누구인지 알 수는 없지만, 적어도 비정상은 아니라고 확신하면서 스스로를 정상적인 것의 척도로 삼는다. 자기 자신과 일치하지 않는 모든 것은 비정상이다. 비정상적인 것을 좋아하지 않는 이유는 바로 그것을 통제할 수 없기 때문이다. 비정상적인 것이라면 차라리 아무런 모험도 감행하지 않는 것이 낫다.

인간이 자기구현을 하는 이유는 자기 자신에게 낯설어지지 않기 위해서라고 사람들은 말한다. 모든 사람이 다른 사람처럼 되려고 하지 않으며, 오직 자기 자신이기를 원한다. 하지만 자기실현을 하는 과정에서 그 기준을 타인에게 두고 있기 때문에 어쩔 수 없이 타인과 점점 비슷해지고 만다. 누군가 프로듀서나 크리에이티브 디렉터가 되려고 한다면 우리도 그렇게 되려고 한다. 적어도 이러한 목표가 숲에 들어가 오두막을 짓고 살겠다는 목표보다는 더 쉬워 보인다. 사람들은 보통 자신이 세상의 중심이라고 생각하는데, 숲에서 오두막을 짓는 사람은 결코 슈퍼스타가 될 수 없기 때문이다. 다른 사람들이 자기중심적이라면 우리도 마찬가지이다. 우리가 자기중심적으로 사는 이유는 대세에 순응하기 위해서이다. 대세순응자의 삶을 그대로 살아간다면 자신이 누구인지 결코 밝혀낼 수 없다. 자신이 누구인지 알고자 한다면 익숙한 것을 다루는 것만으로는 부족하다.

  사람들은 낯선 것에 대해 알고 싶어 하면서도 지금까지 감히 그에 대한 질문을 던지지 못했다. 하지만 정신의학에서는 낯선 것에 대한 거의 모든 것을 다루고 있다. 예전에는 정신과 의사를 일컬어 에일리어니스트(alienist)라고 했다. 에일리어니스트는 '익숙하지 않아 어색한, 외국의, 외계의'라는 뜻의 에일리언(alien)이라는 단어에서 파생된 말이다.

  정신의학에서는 인간을 두 분류로, 즉 '아픈' 사람과 '건강한' 사람으로 나눈다. 아프다는 것은 '잘못된' 것을 의미하며, 건강하다는 것은 '옳은' 것이다. 정신의학이 출발점으로 삼는 가정은 옳은 것에는 더 이상 손을 댈 필요가 없으며, 잘못된 것은 없애야 한다는 것이다. 그래서 정신의학은 정신병, 좀더 고상하게 표현하자면 정신적 '장애'를 탐구하고 진단하며, 치료하는 데 초점을 둔다. 장애가 있다는 것은 정상이 아니기 때문이다.

  정신의학은 더 이상 조망하기 어려운 삶의 각 영역에서 인간이 정상의 상태를 유지할 수 있도록 돕고자 한다. 쉽게 말해 인간이 미치지 않도록 보호하려는 것이다. 만약 이미 미쳐버린 경우라면 다시 정상으로 되돌리는 것까지 포함한다. 정신의학은 최대한 과학적으로 접근해 정상과 정신병을 구분한다. 그 진단을 내리는 지침으로는 세계보건기구(WHO)의 국제질병분류(International Classification of Diseases: ICD) 제10판을 활용한다. 국제질병분류 제10판에는 인격 장애뿐만 아니라 정신분열증, 외상 후 스트레스장애, 산후 정신 및 행동장애, 병적 도박증, 성전환증, 읽기 및 쓰기 장애, 담배로 인한 정신 및 행동장애, 말더듬을 비롯한 다른 장애 들이 분류되어 있다. 이러한 무질서하고 비체계적인 구분이 어떤 논리에서 나왔는지는 알 수 없다. 다만 우리가 알고 있는 것은 그저 이런 것들이 우리에게 낯선 현상이라는 사실뿐이다. 사람들은 이러한 낯선 현상을 자신이 겪으리라는 상상을 전혀 하지도 않으며, 전혀 겪고 싶지 않아 한다. 또한 이 낯선 현상들은 우리가 정상이라는 사실에 의문을 던지게 만들고 불편한 감정을 느끼게 한다.

프랑스의 철학자 미셸 푸코(Michel Foucault, 1926~1984) 역시 정신의학에 흥미를 가지고 정신병의 원인을 밝혀내려 했으며, 이성적 사고에 대한 독단적인 논리성을 비판했다. 또한 그는 분류시스템이 지닌 부조리를 똑똑히 보여주는데, 특히 1966년에 저술한 《말과 사물Les mots et choses》의 서문에서는 동물분류법에 관한 고대 중국 백과사전의 한 구절을 인용하고 있다.

"황제에 속하는 동물, 향료로 방부처리된 동물, 사육동물, 젖을 빠는 돼지, 인어, 전설상의 동물, 주인 없는 개, 이 부류에 포함되는 동물, 광포한 동물, 셀 수 없는 동물, 낙타털과 같이 미세한 모필로 그릴 수 있는 동물, 기타, 물주전자를 깨뜨리는 동물, 멀리서 보면 파리같이 보이는 동물 들이 있다."

위의 분류에서 핵심이 되는 것은 정신 장애가 아니라 바로 동물이다. 그런데도 국제질병분류 제10판의 분류체계와 어느 정도 유사성이 있다는 사실을 부인할 수 없다. 중국 백과사전에는 살아 있는 동물·죽은 동물·상상 속의 동물 등이 나열되어 있으며, 국제질병분류에는 니코틴 중독자·산모·정신병자·말더듬이 등이 제시되어 있다.

푸코의 예에서, 젖을 빠는 돼지와 전설상의 동물이 지닌 다양한 특성들은 중요하지 않다. 어차피 둘 다 '동물'이기 때문이다. 그렇게 보면 국제질병분류에서도 정신분열증의 생소함이 오줌싸개의 생소함과 '다른' 생소함이 아니다. 어차피 둘 다 '병'이기 때문이다. 하지만 우리가 '비정상적인 것은 나쁘고 정상적인 것은 좋다. 나아가 우리는 정상이며 우리에게 낯선 것은 비정상이다.'라는 관념에서 벗어나는 것은 쉽지 않다.

사람들은 당연히 낯선 것으로부터 보호받기를 원한다. 비정상적인 것에 전염될 수 있는 위험성은 아주 높다. 우리는 정상이기를 원하며, 다른 사람들과 다르기를 원한다. 또 자기실현을 원하며, 우리가 스스로에게 부여하는 이름의 존재가 되기를 원한다.

사람들은 자기 자신과 일치되는 것을 찾는 데 온통 몰두하고 있기 때문에 비정상적인 것을 겪을 준비가 전혀 되어 있지 않다. 비정상적인 것은 언제나 타인에게만 일어나는 일이라고 생각한다. 자기 자신에게 몰입하는 사람이 갑자기 정상에서 비정상으로 타락하는 것을 부당하다고 여긴다. 따라서 갑자기 직장을 잃는 것, 예측하지 못한 이별을 하는 것, 질병을 얻는 것 등은 모두 '적대적인 것'이 된다. 예를 들어 우리가 질병에 걸리면, 병을 고쳐야겠다는 단호한 의지를 보이며 증세를 극복하려고 노력한다. 어서 빨리 환자의 제국에서 빠져나와 다시 건강한 자의 제국으로 넘어가기 위해서이다. '건강' 제국의 국적을 가진 우리는 망명 상태에 있는 것을 싫어한다. 환자의 제국에서는 자신이 외계인처럼 느껴지고, 자기 자신과의 일치가 불가능하다. 즉 자기 자신에게 낯선 존재가 된다.

한편 정신과 의사가 어떤 사람을 보고 정신분열증에 걸렸다고 말할 때에는 마치 자신이 그 사람의 생각과 감정을 직접 느껴본 것처럼 행동한다. 말하자면 자신에게 낯선 정신 상태를 직접 이해하고 파악할 수 있는 것처럼 행동한다는 것이다. 하지만 실제로 의사의 진단은 그저 추측에 불과하다. 의사는 환자가 불안 증세를 가지고 있다고 추측한다. 그건 자신이 불안할 때 하는 행동이 환자에게서 보이기 때문이다. 그러니까 의사는 자신의 개인적인 느낌에서 환자의 상태를 추론하는 것이다. 환자가 지금 느끼고 있는 불안이 의사가 경험적으로 느낀 불안과 일치하는지 아닌지는 확실하지 않다. 더욱 불확실한 것은 의사가 자신의 경험으로부터 알지 못하는 것을 표상할 수 있는지의 여부이다. 낯선 것에 대해 이야기하고, 심지어 그것에 대해 판단하는 것이 과연 합당한 일일까?

20세기의 가장 독창적이고 영향력 있는 철학자로 인정받는 루트비히 비트겐슈타인(Ludwig Wittgenstein, 1889~1951) 역시 이 문제에 대해서 고민했다. 비트겐슈타인은 언어의 한계, 즉 언어로 말할 수 있는 것과 말할 수 없는 것에 대해 연구했다. 보다 자세히 말하면, 그는 어떤 사물의 근본을 과연 이름("장클로드")이나 명칭("엎드려 자는 사람"), 개념("장애")으로 파악할 수 있는지에 대해 의구심을 품었다. 그는 1953년에 출간(사후 출판)된 유작 《철학적 탐구Philosophische Untersuchungen》에서 다음과 같은 비유를 들며 설명하고 있다.

"모두가 한 개의 상자를 가지고 있고, 그 상자에 우리가 '딱정벌레'라고 부르는 것이 들어 있다고 가정해보자. 아무도 다른 사람의 상자를 들여다볼 수 없다. 그리고 모두가 그저 자신의 딱정벌레를 보고 딱정벌레가 무엇인지를 알 뿐이다. 모두가 자신의 상자에 다른 물건을 가지고 있을 수도 있다. 그 물건이 계속 변한다고 생각할 수도 있다. 또 상자가 비어 있을 수도 있다."

이 말은 어떤 사람도 다른 사람의 상자에 무엇이 들어 있는지 알 수 없다는 것이다. 정신과 의사도, 정신분열증 환자도 서로의 머릿속과 마음속에 무엇이 들어 있는지 모른다. 다만 차이가 있다면 정신과 의사는 마치 자신이 그것을 알고 있는 것처럼 행동해도 된다는 것이다. 의사는 그렇게 행동할 수밖에 없으며, 그의 추측은 국제질병분류에 나오는 내용과 일치해야 한다. 그렇지 않으면 사람들은 그를 더 이상 건강하다고 간주하지 않을 것이기 때문이다. 최소한 정상적인 것이 우위를 차지하는 오늘날의 문화에서는 말이다.

이제 우리는 다시 '나는 나 자신을 잘 모른다'는 출발점 앞에 서 있다. 하지만 그 사이에 관점이 변화가 이루어졌다. 비정상적인 것, 미친 것, 외계적인 것을 아우르는 이 낯선 것에 대한 관점을 받아들이고, 낯선 것이 무엇인지 이해하려고 노력했다. 이로써 자신이 누구인지 더 잘 이해할 수 있게 된다.

철학 상담 10

낯선 것과 관계 맺기

이제 자신을 나타내는 더 이상의 이름이나 명칭, 표현은 필요하지 않다. 우리는 필요한 모든 것을 이미 가지고 있다. 그저 퍼즐조각을 맞추듯 자기 자신을 찾기만 하면 된다. 타인을 기준으로 삼지 않으며 대세 순응주의를 과감히 벗어던진다면 생각보다 쉬운 일이 될 수 있다. 특히 정상이라고 말해지는 것을 정상으로 간주하고, 낯설다고 말해지는 것을 낯설다고 간주하는 행동을 그만둔다면 자기 자신을 찾는 일은 반드시 성공한다. 어느 날 철학 상담을 위해 찾아온 의뢰인 한 명이 나에게 이런 말을 한 적이 있다.

"정신분열증이요? 저는 정신분열증을 잘 몰라요. 관심도 없고요."

"왜요?"

"왜라니요?"

"왜 정신분열 질환에 대해 모르고, 왜 그것에 관심이 없으신지요?"

"그야 정신분열증은 저와는 아무 상관이 없으니까요."

이어지는 시간 동안 의뢰인과 나는 '정신분열증'이 무엇인지에 대해 대화를 나누었다. 정신분열증이 국제질병분류 제10판에 설명되어 있는 일련의 증상인지, 아니면 어떤 명칭이나 말로 표현될 수 없으므로 말할 수 없는 것으로 남아 있어야 하는 전적으로 개인적인 경험인지에 대해 토론을 벌였다. 의뢰인은 마지막에 이렇게 말했다.

"사람에게는 관계가 필요합니다. 다른 어떤 것과도 관계를 맺지 않은 채 무엇이 정신분열증이고 무엇이 정신분열증이 아닌지를 말할 수는 없습니다. 두 가지 이상의 시각에서 전체를 관찰해야 합니다."

이 말을 함으로써 의뢰인은 자신이 대화 초반에 부인했던 것을 인정하는 꼴이 되었다. 다시 말해 그는 자신이 정신분열증에 관심이 아주 많고, 자기 자신을 알기 위해서는(이것이 그가 상담을 받으러 온 이유였다) 정신분열증과 함께 낯선 모든 것에 관심을 가져야 한다는 사실을 인정한 것이다. 나중에 밝혀진 사실이지만 그에게는 정신질환을 앓고 요양원에 기거하는 동생이 있었다. 그리고 수년 전부터 동생과 연락을 하지 않았다. 그 후 의뢰인은 "낯선" 동생과 다시 관계를 구축하기 시작했다. 이로써 동생뿐만 아니라 자기 자신을 더 잘 알게 되었다.

가족 중에 "장애"를 앓고 있는 사람이 없더라도 이 의뢰인을 본보기로 삼아 낯선 사람과 관계를 구축해보기를 바란다. 이를 위해 필요한 모든 것을 당신은 이미 가지고 있다. 예를 들어 당신에게는 지적능력이 있다. 스페인어, 슬로베니아어, 스와힐리어 등 당신이 원하는 외국어를 배워보라. 그러면 "정상적인" 모국어로 모든 것이 표현될 수 없다는 것을 경험할 것이다. 모국어로 말할 수 없는 것을 습득해보아라. 예를 들어 줄루족(Zulu, 아프리카 원주민의 하나로 주로 남아프리카 공화국에 거주-역주)의 언어에서 "아주 먼 곳"이란 말의 뜻은 "어떤 사람이 '엄마, 나 길 잃어버렸어.'라고 소리치는 곳"이다. 또 모잠비크에서는 "가난한"이라는 단어가 "돈이 없다"는 뜻이 아니라 "가족이 없다"는 것을 의미한다. 이런 사실이 놀랍지 않은가? 낯선 것과 친해지기 위해 끊임없는 노력을 하라.

자신에게 외국어 감각이 전혀 없다고 해서 절망하지 말기 바란다. 그렇다면 또 다른 낯선 것에 도전하면 된다. 예를 들면 현대예술 박물관을 방문하여 그림을 보는 연습을 하는 것이다. 잭슨 폴록(Jackson Pollock), 조르조 데 키리코(Giorgio de Chirico), 요제프 보이스(Joseph Beuys)의 그림에서 어떤 의미를 찾을 수 있을 때까지 바라본다. 잘 이해할 수 없거나 우습게 보이는 것을 차분하게 바라보면서, 그것을 자신의 시각으로 해석해보려고 노력한다. 그리고 나서 낯선 것으로부터 습득한 지식을 다른 분야에 응용해본다. 이제 몇 가지 예를 들어보겠다.

▶ 만약 힘없는 아이를 폭격으로부터 구해낼 수 있는 상황에 처해 있다면 당신은 즉시 그렇게 할 사람이다. 마찬가지로 귀여운 새끼 물개를 보호하는 일에도 열정적으로 참여하고 있다. 반면 벽에 징그러운 벌레

가 달라붙어 있으면 망설이지 않고 제거한다.

당신은 힘없는 생명체를 도와야 한다는 마음을 가지고 있고, 선한 사람이 되려고 노력한다. 하지만 당신이 '귀엽다'고 생각하는 것과 어긋나는 그런 생명체에 대해서는 선한 마음이 순식간에 사라진다. 그래서 그 '징그럽다'고 생각하는 벌레를 죽인다. 당신은 징그러운 생명체가 아닌 귀여운 생명체와 관계를 맺고 있기 때문에 벌레는 당신에게 낯설다. 역으로 말하면, 낯선 것은 자신과 관계가 없다고 생각한다.

당신이 곤경에 처한 아이를 보호하고 구해야 한다고 말하는 이유는 무엇인가? 당연히 아이가 귀엽기 때문일 것이다. 물론 그 외에 또 다른 이유도 있을 것이다. 다른 정상적인 성인처럼 당신도 책임감을 느끼고 있기 때문이다. 그렇다면 당신의 책임감은 어느 정도인가? 친숙한 것(귀여운 것)이 끝나고 낯선 것(징그러운 것)이 시작되는 지점까지? 당신은 어떠한 분류체계를 근거로 무엇이 귀엽고, 무엇이 혐오스러운지를 결정하는가? 그저 습관에 따른 결정을 할 것이다. 한 번만이라도 '징그러운'이라는 단어를 '귀여운'이라는 단어의 자리에 대치시켜 생각해보기 바란다. 징그러운 아이도 있을 것이고, 귀여운 벌레도 있을 것이다. 둘 다 감각을 가진 생명체로서 구해야 할 가치가 있다. 당신에게 어떤 감각은 낯설게 느껴지겠지만.

▶ 일 년 전에 당신과 각별한 사이였던 삼촌이 돌아가셨다. 묘비관리에 많은 시간과 금액이 들고 돌아가신 삼촌에게도 별 상관이 없을 것 같아 묘비를 없애버릴까 고민 중이다.

그런데 그래서는 안 된다. 삼촌이 죽었다고 해서 삼촌과의 관계가 끝난 것이 아니다. 오히려 그 관계가 예전보다 더 끈끈해졌다고 볼 수 있다. 오해나 싸움, 갑작스러운 이별, 그 어떤 것도 당신과 삼촌의 관계에 끼어들지 않는다. 그런데도 당신과 삼촌은 지금 서로 완전히 낯설어졌다. 삼촌에게는 중단된 하지만 당신에게는 습관처럼 계속 흘러가는 시간이 둘 사이를 낯설게 만든 것이다. 돌아가신 삼촌의 생각이 어떤지도 모르고, 삼촌이 당신의 생각을 받아들일 것인지도 미지수이다.

고인에 대한 추모는 질대적으로 비정상적인 것, 낯선 것에 대한 추모이다. 하지만 이것은 가장 순수한 형태의 사랑이라고 할 수 있다. 아무것도 요구하지 않고 주기만 하는 사랑이므로. 고인이 된 삼촌과 좋은 관계를 유지함으로써 다른 낯선 사람과도 관계를 맺어갈 수 있을 것이다. 또한 삼촌의 묘비에 난 잡초를 뜯으면서 어려운 문제를 고민할 시간도 가질 수 있다. 예를 들어 '나는 누구인가?' 라는 물음에 대해 성찰해볼 수 있다. 삼촌은 이미 죽었고 당신은 살아 있다. 하지만 당신도 언젠가는 죽게 된다. 지금 이 시점에서 이것이 당신에게 무엇을 의미하는지도 고민해볼 수 있다.

▶ 당신은 엄마의 역할과 직장인의 역할 사이에서 갈팡질팡하고 있다. 두 역할 모두 똑같이 중요하기 때문에 둘 다 잘하려고 애를 쓴다. 그 밖에도 시간만 좀더 허락되면 아내 역할, 딸 역할, 언니 역할까지 잘 해내고 싶어 한다. 그런데 당신은 무슨 일을 어디서부터 시작해야 할지 모를 때가 많다.

이러한 많은 역할이 당신의 정체성을 결정하지만 정체성과 당신이 동일하다고 볼 수는 없다. 당신이 자아실현을 위해 자발적으로 이 역할을 수행하고 있는 것이라고 생각해보자. 이 자아라는 것이 도대체 무엇일까? 그것부터 알아내야 한다. 각 종이에 당신의 역할을 하나씩 쓰고, 각 종이를 차례대로 눈여겨본다. 그러고 나서 한 장씩 차례대로 찢기 시작하라. 마음속으로 모든 역할과의 이별을 고하라. 그리고 무엇이 남아 있는지 살펴 보라. 당신과 떼려야 뗄 수 없는 그것, 즉 자기 자신이 아주 낯설게 느껴질 것이다. 그렇다고 이를 두려워하지 말라. 자기 자신을 아는 것은 자기 자신과 진정한 친구가 된다는 것을 의미할 뿐만 아니라, 낯선 것을 반갑게 맞아들일 수 있다는 것을 의미하기도 한다. 자신의 정체성이 지닌 비밀을 완전히 파헤칠 수는 없을 것이다. 그래도 정체성을 찾는 노력을 포기하지는 말기 바란다. 지금까지 당신이 정상적이라고 생각했던 역할 놀이를 중단하고 관점의 변화를 가져오게 하는 경험(예를 들면 편안하지 않은 만남, 계획을 철저하게 하지 못한 장거리여행, 병에 걸리는 것 등)을 하면서 정체성을 찾으려고 꾸준히 노력하라.

이 철학 실천이 잘 이루어지면 당신은 더 이상 대세순응주의에 따라 행동하지 않게 될 것이다. 배우자가 양말을 뒤집어 신어도 그다지 신경 쓰이지 않을 것이다. 그 대신 더욱 흥미진진한 불가해한 것에 더 많은 관심을 가지게 될 것이다.

11
소통 _
타인의 언어를 자기 언어로 번역하다

대부분의 싸움은 자신의 생각을 제대로 표현하지 못하거나
다른 사람의 생각을 잘못 이해하기 때문에 생긴다.

-스피노자(Baruch de Spinoza, 1632~1677)

…

사람들은 세상을 설명하기 위해 말하지 않는다. 말을 위해서 말을 한다. 침묵은 은이요, 말은 황금이다. 침묵을 높이 평가하기는 하지만, 너무 과도한 침묵은 참기 어렵다. 날씨, 스포츠, 영화, 음식, 휴가, TV 프로그램 등을 주제로 우리는 수십 번씩 대화를 나눈다. 이는 그저 상대에게 보이는 외향적인 관심을 나타낼 뿐이다. 이러한 대화 유형을 스몰 토크(Small Talk)라고 일컫는다. 한편 스몰 토크에 상대적인 개념으로 빅 토크(Big Talk)라는 것이 있다. 빅 토크는 사소한 주제로 스치는 말을 하는 것이 아니라 문제 상황을 모든 측면에서 관찰하고, 이리저리 비비 꼬아보기도 하며, 원래 상황을 더 이상 다시 알아볼 수 없을 정도로 왜곡시키기도 하는 대화 유형을 말한다. 빅 토크의 주제가 되는 것은 인생에서 정말로 중요한 문제들이다. 인생에서 정말 중요한 문제란 지금 당장 그리고 치밀하게 수행해야 하는 일을 말한다.

"내가 너라면 그와 헤어질 거야."

"그는 그녀를 너무 어렵게 생각해."

"네 언니도 힘든 시기를 견뎌냈어."

"세상에, 그러면 그는 외국으로 떠나야 하잖아."

이처럼 여자들은 빅 토크의 대가이다. 또한 여자들에게 빅 토크는 반드시 있어야 한다. 그래서 "항상 입을 조심해야 해! 왜 보통 사람처럼 맥주를 마시지 못하는 거야?"와 같이 바로잡아야 할 것이 있는 남자들을 코치해주는 고생도 마다하지 않는다.

남자들도 빅 토크에서 많은 것을 배운다. 남자들은 단순히 "좋아, 알았어."라는 말만 하는 것이 아니라, 이제는 "네가 그렇게 생각한다면 나도 좋아."라는 문장까지 구사한다. 어쨌거나 남자들은 더 이상 어리석지 않다. 남자들은 "무슨 일 있어?"라는 빅 토크 질문에 "아무 일도 없어."라고 대답하는 것보다 진심이 담겨진 신빙성 있는 대답을 하는 것이 낫다는 것을 알고 있다.

빅 토크의 목적은 명료함이 아니라 교류이다. 사람과 사람 사이에서 교류가 이루어지는 것은 사실 매우 어렵다. 교류가 언제나 실패하는 까닭은 함께 이야기하는 것이 아니라 차례대로 이야기하기 때문이다.

A: 나 정말 요트가 갖고 싶어.

B: 너 돈 없잖아.

A: 정말로 요트가 있으면 좋겠다. 나는 요트를 꽤 잘 탈 수 있어.

B: 나도 한 푼도 없어. 회사에서 월급을 아직도 안 올려주고 있어.

A: 음, 어제 친구들하고 호수로 놀러 갔어. 그런데 이 친구들이 아주 우

아한 배를 가지고 있었어. 너도 뭔지 알 거야.

B: 그래, 알지. 그건 그렇고 우리 작은 집으로 이사해.

A: 어쩌면 내가 그 배를 빌릴 수 있을 거야.

B: 아내가 벌써 이삿짐을 싸기 시작했어.

위의 대화에서 이루어지는 것은 대화가 아니라 서로 뒤엉킨 두 개의 독백이다. 독백이 서로 뒤엉키면 교류가 이루어지기는커녕 재앙이 일어난다. 말하자면 대화를 하는 것이 서로에 대한 이해를 돕는 것이 아니라 오히려 의미를 잘못 전달하는 사태를 일으킨다.

그런데 빅 토크에서는 개념에 대한 정의가 나타나지 않는다. 어차피 같은 언어를 사용하는 사람들끼리 개념을 정의할 필요가 없다고 생각하는 것이다. 예를 들어 '불안'을 말할 땐, '불안이란 우리가 불안이라고 생각하는 것을 의미한다'를 전제하고 들어간다. 교류가 이루어지는 곳에서는 논리가 부적당하다고 생각하기 때문에 의미론적·통사론적 세부사항까지 신경 쓰지 않고 그냥 말한다. 말을 많이 할수록 더 많은 것을 상대방에게 이해시킬 수 있다고 믿는다. 하지만 사실 우리가 말하는 것과 우리가 생각하는 것, 우리가 이해하는 것 사이에는 큰 차이가 있다. 이를 잘 보여주는 '바보와 신학자'라는 우화를 살펴 보자.

한 승려가 외눈박이 바보 동생과 함께 살고 있었다. 어느 날 먼 곳에서 온 어느 유명한 신학자가 승려를 만나겠다는 소식을 전해왔다. 승려는 신학자가 방문하는 시간에 마침 자리를 비우게 되어 동생에게 말했다.

"신학자를 품위 있게 맞아들이고 좋은 대우를 해 주어라! 네가 입만 열지 않으면 모든 것이 잘 될 것이다."

그는 이 말을 남기고 사원을 떠났다. 그리고 돌아온 후 바로 신학자를 만나러 갔다.

"제 동생이 당신을 잘 맞이했습니까?"

승려의 물음에 신학자는 아주 열광적으로 대답했다.

"당신의 동생은 정말 비범합니다. 정말 위대한 신학자입니다."

승려는 신학자의 말에 놀라 더듬거리며 말했다.

"네? 제 동생이 신학자라니요?"

"우리는 아주 훌륭한 대화를 나누었습니다. 오직 몸짓으로만 대화했지요. 제가 그에게 손가락 하나를 보여주자 그가 제게 손가락 두 개를 보여주었습니다. 그래서 나는 손가락 세 개로 대답했습니다. 그리고 그는 말없이 제게 주먹을 들어 보였습니다. 이렇게 우리의 대화는 끝이 났습니다. 저는 손가락 한 개로 부처의 단일성을 알렸습니다. 그가 내민 손가락 두 개가 제 시각을 넓혀주었습니다. 그는 부처와 부처의 가르침이 두 개로 분리될 수 없다는 사실을 상기시켜주었습니다. 그의 대답을 듣고 황홀해진 저는 손가락 세 개로 부처가 자신의 가르침을 이 세상에 펼치고 있다고 대답했습니다. 그러자 그는 움켜쥔 주먹을 보이며 '부처와 부처의 가르침, 이 세상은 하나이다. 원이 이루어졌다'는 탁월한 대답을 했습니다."

조금 후 승려는 외눈박이 동생을 찾아갔다.

"너와 신학자 사이에 무슨 일이 있었는지 말해 봐라."

"별일 아니에요. 그가 손가락 한 개를 보이며 내 눈이 하나라고 놀리자, 가만히 있을 수가 없었어요. 그래서 당신은 눈이 두 개라 좋겠다고 대답했어요. 그런데 그 사람이 저를 더 놀리는 거예요. '어쨌거나 우리 눈을 다 합치면 세 개다.' 이건 해도 해도 너무 하잖아요. 그래서 주먹을 쥐어 보이면서 당장 그만두지 않으면 바로 한 대 치겠다고 위협을 했죠."

이 우화는 교류의 의지가 얼마나 쉽게 황당무계함으로 이어질 수 있는지 보여준다. 사람들은 같은 것에 대해 이야기한다고 생각한다. 하지만 이 사람은 이것을, 저 사람은 저것을 생각하고 있다. 또 상대가 나를 이해하고, 나도 상대를 이해시킬 수 있다고 믿는다. 그럼에도 서로에 대한 오해는 계속 되풀이된다. 사람들은 아주 열성적으로 설명하고 이야기한다. 우리가 무슨 말을 할 때 상대는 고개를 끄덕거리고, 상대에게 어떤 것을 물으면 그가 대답을 하며, 상대가 말하는 것에 공감을 느낀다. 그렇기 때문에 자신과 상대가 서로 통한다고 믿는다.

그런데 어느 순간 우리는 말하는 것, 생각하는 것, 이해하는 것 들이 실제로는 상당 부분 겹치지 않는다는 것을 깨닫는다. 각양각색의 사람들만큼이나 수많은 일상어가 존재하기 때문이다. 어떤 사람에게 '희망'을 뜻하는 말이 다른 사람에게는 '불확실'을 의미할지도 모른다. 빅 토크에서는 이러한 차이가 눈에 띄지 않는다. 그래서 싸움에 이르러서야 서로가 상대를 제대로 이해하지 못했다는 사실을 알게 된다.

"세상에, 왜 그 말을 그때 하지 않은 거야?"
"이제 말해봤자 소용없어!"

루트비히 비트겐슈타인은 '언어'를 표상하는 것은 '삶의 형식'을 표상하는 것을 의미한다."고 말했다. 그는 사고와 언어가 서로 긴밀하게 연관되어 있다고 생각했다. 사고가 불명료하면 언어도 불명료하다. 언어가 점점 쇠퇴해가는 시대에는 사고의 명료함 또한 위태로워진다. 쾌감을 유발시키는 모든 것을 '재미'라고 부른다면, '기쁨, 만족감, 명랑함'과 같은 개념은 더 이상 쓸모가 없게 된다. 쓸모없어진 개념은 더 이상 우리와 결부되지 않기 때문에 이해되기 어렵다. 이해를 하지 못한 개념은 더 이상 경험할 수도 없게 된다. 말하자면 언어에 속해 있는 경험, 감정, 체험 등이 그 언어와 함께 사라지는 것이다. 비트겐슈타인에 따르면 우리가 말하는 방식 또한 우리가 살고 있는 방식과 밀접하게 결합되어 있다. 삶의 형식은 몸에 밴 행위이자 행동방식이며, 아주 당연한 것으로 여겨서 깊이 고민하지 않는 규범이나 규칙을 말한다.

삶의 형식에 따라 무엇을 어떻게 이해할지, 무엇이 익숙한 것이며 무엇이 낯선 것인지가 결정된다. 언어 역시 이 삶의 형식을 바탕으로만 이해할 수 있다. 언어와 삶의 형식이 긴밀한 관계에 있다는 비트겐슈타인의 주장대로라면, 언어의 표현가능성이 줄어들면 틀림없이 삶의 형식에도 영향을 미치게 된다.

따라서 언어를 소홀히 하는 것은 분명히 위험한 일이다. 구사하는 어휘가 초라해질수록 개념의 차별화가 점점 사라질 것이며, 그에 따른 경험도 제한될 것이다. 예를 들어 '재미'라는 단어가 그 밖의 다른 유사개념들을 대체한다면 더 이상 '명랑함' 같은 경험을 할 수 없다. '명랑함'이라는 단어가 언어 목록과 감정 목록에서 삭제될 것이기 때문이다. 그리고 그 대가로 더 많은 지루함과 불만을 감수해야 한다. 그 이유는 간단하다. 우리가 명랑해질 수도 있다는 사실을 완전히 망각할 것이기 때문이다. 언어가 빈궁해지면 우리가 살아가는 세상이 온전하지 못한 상태가 된다. 단어 선택이 제한되고 문장 구성이 단순해지면 인식도 제한되기 마련이다. 그렇게 되면 특정한 삶의 내용이 새로운 것으로 대체되지 않고 그냥 사라진다.

우리는 이해하기 쉬운 한 줄짜리 문장에 익숙해져 있다. 여러 겹으로 된 문장을 마주치면 그냥 곧바로 외면한다. 내용을 파악하기 위해 세 번 정도는 읽어야 하는 문장에 대해서는 무리한 요구라고 생각한다. 또 큰 글자를 좋아하고 작은 글자를 싫어한다. 자신과 직접적인 관련이 있는 것, 쉽게 읽을 수 있는 언어로 쓰인 것을 읽으려고 한다. 또 고전문학 작품에 심각한 거부반응을 보인다. 고전문학 작품을 읽기에 우리의 인내심은 너무 부족하다. 하지만 우리는 그러한 고전 명작에 한 번쯤 시선을 던져볼 필요가 있다.

레프 톨스토이(Lev Tolstoy, 1828~1910)의 《안나 카레니나 Anna Karenina》를 예로 들어보자. 안나 카레니나의 법적인 남편인 알렉세이 알렉산드로비치 카레닌이 아내를 잃은 사실을 알게 되는 장면을 살펴 보자.

"알렉세이 알렉산드로비치는 지금 삶과 마주 서 있다. 자신의 아내도 다른 누군가에게서 다른 사랑을 느낄 수 있다는 사실을 마주 대하고 있다. 그는 이것이 무의미하고 이해할 수 없는 일처럼 느껴졌다. 그는 인생의 대부분을 일과 서류 더미에 파묻혀 지냈다. 그는 그것만이 자신의 삶을 반영해준다고 생각했다. 그리고 그 이외의 것은 멀리했다. 그는 자신이 마치 태평하게 다리를 건너다가 갑자기 다리가 무너지자 그 밑에 깊은 심연이 있다는 사실을 확인한 사람이 된 것 같았다. 심연, 그것은 현실의 삶이었고, 다리는 알렉세이 알렉산드로비치가 살아온 허위적 삶이었다."

위의 내용에서 무엇을 느낄 수 있는가? 바로 언어로 온 세상을 만들 수 있다는 인상을 받게 된다. 알렉세이 알렉산드로비치라는 남자의 세상을 말이다. 톨스토이는 알렉산드로비치의 개인적인 느낌과 견해뿐만 아니라 그의 삶의 형식이 속해 있는 사회문화적 환경까지도 독자에게 전해준다.

《안나 카레니나》같은 고전 작품은 빅 토크 너머에 존재하는 언어의 힘을 보여준다. 예컨대 단 한 권의 책 속에 담긴 언어로 옛 러시아의 귀족 사회를 부흥시키며, 독자가 실제로 그 속에 있다는 느낌을 준다. 여기서 우리는 언어와 세상에 대한 보다 창조적인 이해력, 즉 언어 사용의 새로운 가능성을 깨닫게 된다. 우리가 살고 있는 세상에 대해 더욱 명료하게 생각할 수 있는 영감을 받는 것이다. 어휘가 풍부해질수록 명료함은 더욱 힘을 얻는다. 명료함이 강해질수록 흑백논리, 이분법, 편견, 왜곡과 같은 무의미는 더욱 적어진다.

자신이 생각하고 느끼는 것을 좀 더 명확하게 표현할 수 있다면 자연스레 더욱 개인적이고 개성적인 사람이 된다. 사람들 사이의 교류는 개인적인 바탕에 의거할 때뿐이다. 자기 자신에 대해 이야기할 때 '아마, 어쩌면'과 같은 말 뒤에 자신을 숨기는 사람과는 교류를 할 수가 없다.

A: 요즘 어떻게 지내?
B: 그럭저럭 지내.
A: 무슨 문제라도 있어?
B: 어쩌면 그럴지도 모르지. 누구나 어쩔 수 없이 일을 할 때가 있잖아. 예전에는 이러지 않았는데 요즘은 어쩐지 그런 생각이 들어.

'나'라는 단어 대신 '사람들'이라는 단어를 주어로 사용하는 습관은 의사소통을 할 때 또 다른 재앙이 될 수 있다. 자신을 '사람들'이라고 말함으로써 자신을 중립화·관습화·익명화시킨다. 우리는 '사람들'이라는 단어가 대화를 단순화시킨다고 생각한다. 다른 사람들도 "사람들은⋯⋯"이라는 식으로 말하기 때문이다. 하지만 실제로 이 말을 사용하면 이해가 더 어려워진다. 자신을 '사람들'이라고 말하는 것은 수많은 무리 속에서 자신이 눈에 띄는 것을 좋아하지 않는다는 것을 드러내 보이는 것이다. 또 대화에 전혀 참여하지 않고 그저 대중의 견해와 판단을 그대로 삼켰다가 다시 토해내는 것과 같다.

또 우리는 '사람들'이라고 말을 하면 '나'라고 하는 것보다 '사람들'을 더 능수능란하게 다룰 수 있다고 생각한다. '사람들'은 더 이상 설명을 하지 않아도 되며, 합리화시키거나 해명할 필요도 없으며, 추가적인 어떤 행동도 취할 필요가 없기 때문이다. 이러한 언어적 범죄는 처벌받지 않는다. 그저 우리의 주체성을 갉아먹을 뿐이다. 우리는 스스로를 마리오네트 인형으로 만들고 자신으로부터 낯설게 만든 것이다.

최근에 나는 한 청년 그리고 그의 어머니와 함께 짧게 대화를 나눴다. 나는 먼저 그의 직업을 물었다.

청 년: IT 업계에서 일해요.

어머니: 컴퓨터와 관련 있는 일이에요.

청 년: 우리는 기업에 자문을 제공하고 데이터뱅크를 관리하며 데이터의 일관성을 확보하는 일을 해요.

어머니: 우리 아들은 컴퓨터를 아주 잘 다뤄요.

청 년: 프로젝트 관리는 제가 가장 좋아하는 일이에요.

대화는 재앙 그 자체였다. 어머니가 개인적인 교류를 위해 애쓰는 반면, 아들은 알아듣지 못하는 기술용어 뒤에 진을 쳐 놓고 있었다. '철학 상담'에 필요한 어떠한 말도 할 수 없었다. 청년의 여자친구가 전화를 하자 그는 이내 그녀와의 빅 토크에 빠져버렸다.

철학 상담 11

성숙한 언어세계 만들기

모든 사람이 자신만의 언어세계에 살고 있으며, 각각의 언어세계는 비슷한 점도 많지만 커다란 차이점도 있다는 사실을 유념해야 한다. 무엇보다 자신의 언어세계가 타락하지 않도록 끊임없이 언어를 계발하고 발전시켜야 한다. 그래야만 점점 쌓여가는 경험과 느낌, 인식을 제대로 표현할 수 있다.

우선 자기의 언어세계를 하나하나 점검해봐야 한다. 당신의 논리적인 인식능력을 확인하려면 일단 당신이 선택한 단어를 자세히 관찰해 보라. 그런 다음 자신에 대해서 말할 때 '문제, 사람들, 어쩌면' 과 같은 의미를 모호하게 하는 표현을 피하도록 한다. "나는 … 생각한다/믿는다/행동한다."와 같은 표현은 대화에서 능동적인 역할을 할 수 있도록 해준다. 하지만 자신에 대해서만 말하지 말고 상대가 당신에게 말하는 것에도 귀를 기울여야 한다. 상대의 말을 경청할 때에는 다른 것을 생각하지 않도록 한다. 상대의 말을 상대가 의도한 대로 이해하지 못했다는 의문이 조금이라도 들면, 그 내용을 당신의 언어로 한번 재현해 보라.

진정한 교류, 진정한 대화가 이루어지려면 자기 언어와 타인의 언어 사이에 번역이 필요하다. 언어가 명확하고 풍부할수록 그만큼 번역도 좋아진다. 번역이 깨끗할수록 더욱 성공적인 교류가 이루어진다. 이제 몇 가지 예를 들어보겠다.

▶ 당신의 남편이 지중해에 있는 나라들이 마음에 들지 않는다고 말하면 당신은 보통 남편과 의견을 같이한다. 당신의 여자친구가 프랑스 남부의 해안이 얼마나 아름다운지 열광하며 말할 때 당신은 그녀의 의견에 동의한다. 당신의 시어머니가 굽 높은 구두에 대해 부정적으로 말하면 당신은 친근한 표정을 지으며 웃고 만다.

다른 사람과 대화할 때 당신은 반응을 하기는 하지만 자기만의 입장을 취하지는 않는다. 육체는 대화에 참여하고 있을지 몰라도 정신적으로는 그렇지 않다. 상대의 독백을 그저 한 귀로 흘려버리는 데 만족한다.

그 이유는 단지 상대 앞에서 "아니오"라고 말하기가 두렵기 때문일 것이다. 그래서 당신은 모든 사람에게 "예"라고 말함으로써 위험요소를 만들지 않으려고 한다. 하지만 그때 당신이 말하는 '예'는 진정한 의미의 '예'가 아니라 '예'를 가장한 '아니오'이다. 이제부터 '예'와 '아니오'에 명확한 질서를 부여하는 연습을 해야 한다. 그리고 '아니오'라는 대답을 긍정적으로 뒷받침하는 법도 배워야 한다. 그렇지 않으면 거짓으로 꾸민 태도 때문에 스트레스를 받아 언젠가는 위궤양에 걸릴지도 모른다.

종이 한 장을 둘로 나눈 다음, 왼쪽에는 당신이 앞으로 '아니오'라고 말할 것을, 오른쪽에는 '예'라고 말할 것을 적어 본다. 예를 들어 왼쪽에 '비판력 상실'을 쓴다면 오른쪽에는 이와 상응하게 '예리한 관찰력'이라고 쓰는 것이다. 이렇게 하면 앞으로 '아니오'인 부분에 대해선 좀더 확실하게 '아니오'라고 말할 수 있을 것이다. 굽 높은 구두에 대해 또다시 시어머니가 시비를 걸어올 때 자신의 생각을 이야기할 수 있을 정도로 용감해질 것이다.

▶ 당신의 남자친구는 말하는 것을 좋아할 뿐만 아니라 말을 상당히 많이 하는 편이다. 당신은 그가 말하는 것을 아주 명확하게 이해하지는 못한다. 하지만 그가 '대중적 구조물, 윤리적 시너지, 에너지론적 초

점' 과 같은 말을 섞어가며 이야기하면 왠지 모르게 그가 대단해 보이고 존경심까지 생긴다.

당신의 남자친구가 이러한 단어를 선택하는 이유는 무엇일까? 당신은 지금까지 그러한 개념이 무슨 뜻인지, 그 개념이 어디서 어떻게 쓰이는지 그에게 물어보았는가? 물어보았더라도 애매모호하기는 마찬가지였을 것이다. 그렇다면 당신이 전혀 이해하지 못하는 언어가 왜 당신에게 존경심을 불러일으키는 것일까?

당신 역시 논리적인 사람이다. 그런데도 당신은 언어적 무의미 앞에 몸을 굽힌다. 그 이유는 사람이 생각하고 판단을 내릴 때 지성뿐만 아니라 감성의 영향도 받기 때문이다. 당신의 남자친구는 다른 사람의 감성을 갖고 노는 뛰어난 능력을 가지고 있다. 더 이상 그의 놀림에 놀아나지 말도록 하라. 그에게 뜻을 알 수 없는 학술적 표현과 현학적 문구를 더 이상 쓰지 말았으면 한다고 부탁하라. 그가 당신의 부탁을 들어주면 당신은 그가 실제로 무엇을 말하고 싶었는지 알게 될 것이다.

▶ 당신은 대화에 열정적이다. 언제나 이런저런 이야기들을 한다. 하지만 끊임없이 말하는데도 가끔씩 마음속으로 이상하리만큼 공허감을 느끼곤 한다.

지금이 이 공허감을 채울 최적의 시기이다. 길이는 깊이를 대체하지 못한다는 사실을 명심하라. 며칠 저녁에 걸쳐 침묵을 지켜 본다. 일을 끝내고 집으로 돌아올 때 휴대폰 대신 책을 손에 든다. 괴테나 도스토옙스키, 토마스 만의 작품 혹은 당신이 예전부터 읽고 싶어 했던 고전 작품을 읽어 보라.

책을 읽는 것과 잡지를 훑어보는 것을 혼동하지 말라. 책을 읽을 때 무심코 읽어 내려가지 말고 내용을 이해하려고 노력하라. 일주일이 지나도록 20페이지밖에 못 읽었다고 양심의 가책을 느낄 필요가 없다. 독서에서 중요한 것은 끝까지 다 읽는 것이 아니다. 가슴을 울리는 의미 있는 한 문장을 발견하는 것이 더 값진 것이다.

책과 대화를 시도해 보라. 즉 책의 내용을 자신의 언어로 번역해보려고 노력하라. 특히 문학적 언어 속에 얼마만큼 당신 개인의 삶이 반영될 수 있는지 확인해 보라.

이 문학적 언어는 당신의 삶에 세밀한 뉘앙스를 더해줄 것이다. 눈여겨볼 만한 표현들이 나오면 어원을 찾아보고 단어의 문화적 뿌리를 탐구해 본다. 또 언어를 경외하는 눈으로 바라보라. 언어가 없다면 당신의 생각은 그저 잡음에 불과할 것이다.

이 철학 실천이 잘 이루어지면 당신의 교우 관계는 훨씬 좋아질 것이다. 또 좀 더 올바른 어조를 사용하면서, 자신의 의견을 표현할 때에도 실수를 덜 하게 될 것이다. 그리고 당신도 몰랐던, 자기 내부에 잠재되어 있는 인식과 욕망을 표현할 수 있게 될 것이다.

12
불만 _
낙관주의의 이면에서 불만이 생긴다

우리가 이 세상에 왔을 때처럼, 이 세상은 계속 아둔하고 형편없는 상태로 남게 될 것이다.

-볼테르(Voltaire, 1694~1778)

...

우리는 아주 행복하지는 않다. 그렇다고 행복하지 않은 것은 아니다. 어쨌든 살면서 직장이라든지 가정이라든지 어느 정도 이룬 것이 있으니까 말이다. 사람들은 모든 것이 완벽해지는 순간 비로소 정말로 행복할 것이라고 믿는다. 그렇게 되기 전까지는 당연히 불만족스러운 상태이다. 그렇다고 이제까지 살아오면서 행복한 순간들이 없었다는 말은 아니다. 자녀가 태어났을 때, 계약이 성공적으로 성사되었을 때, 처음으로 자신의 집을 마련했을 때처럼 행복은 언제나 개개 항목별로 주어질 뿐이다.

잠시 자신을 대견스럽게 여기다가 이내 부족한 것에 대해 또 다시 불평하기 시작한다. 아이는 밤낮 할 것 없이 울고, 성공적인 계약이 이루어진 후 고된 작업이 이어진다. 집을 샀다는 기쁨 역시 그리 대단치 않다. 좀 더 싸게 집을 구입할 수 있지 않았을까 하는 의문이 생기기 때문이다. 약간의 행복을 느끼자마자 다시 불만과 권태를 느낀다.

불만이 생기는 이유는 자기 자신에 대해 너무 많은 것을 생각하기 때문이다. 우리는 새로운 상황에 부딪힐 때마다 그 상황이 현재 상황에 어떤 영향을 미칠 것인지 가늠해본다. 또 각각의 상황에서 자신이 원하는 만큼에 못 미친 만족스럽지 못한 것을 발견한다. 불만의 원인이 자신의 내부가 아니라 외부에 있다고 생각하기 때문에 행복 역시 내부가 아닌, 외부에서 찾는 것이다. 인간이 행복을 찾을 수 있다는 생각을 어떻게 하게 되었을까? 그것은 인간의 숙명이 행복해지는 것이 아니라 불만스러운 것이 때문일 것이다.

이것은 염세사상의 대표자 아르투르 쇼펜하우어(Arthur Schopenhauer, 1788~1860)의 확고한 신념이었다. 그는 자신의 저서 《세상을 보는 지혜Hand-Orakel und Kunst der Weltklugheit》에서 다음과 같이 설명했다.

"고통 없는 상태, 즐거움, 기쁨을 목적으로 삼는 대신, 불평의 무대를 쾌락의 장소로 변화시키고자 하는 것은 실로 가장 큰 잘못이다. 하지만 많은 사람들이 이렇게 하고 있다. 아주 암울한 시선으로 이 세상을 일종의 지옥으로 간주하고, 이런 지옥에서 불에 타지 않는 집을 짓는 사람이 방황을 훨씬 덜 한다."

우리와 달리 쇼펜하우어는 인간이 어떤 것을 통제할 수 있다고 생각하지 않았다. 적어도 행복을 통제할 수는 없다고 생각했다.

"인생은 체스와 같다. 우리는 늘 무엇인가를 계획한다. 하지만 체스에서는 상대에 따라 인생에서는 운명이 원하는 방향에 따라 그 계획이 좌우된다. 그러면서 원래의 계획은 대부분 아주 많이 변형되기 때문에 계획이 실행되는 과정에서 애초 계획이 가지고 있던 특징을 몇 가지 찾아내는 것도 매우 어렵다."

쇼펜하우어에 따르면, 행복이 존재한다면 그것은 모든 행복이 망상이라는 깨달음 속에 존재하는 것이다. 그래서 쇼펜하우어는 다음과 같이 충고한다.

"우리는 시간의 작용과 만물의 변화가능성을 지속적으로 눈여겨보고, 지금 이 순간에 벌어지는 모든 것에서 즉시 그 반대의 것을 상상해 봐야 한다. 말하자면 행복 속에서 불행을, 우정 속에서 적대감을, 좋은 날씨 속에서 나쁜 날씨를, 사랑 속에서 증오를, 신뢰와 솔직함 속에서 배반과 회한을 상상해 봐야 한다. 우리가 끊임없이 신중을 기하고 쉽게 미혹당하지 않음으로써 세상을 사는 진정한 지혜의 샘을 만날 수 있다."

말하자면 최상을 지향하는 대신 최악을 예측해봐야 한다는 것이다. 비관주의자는 언제나 다른 사람들보다 유리하다. 무슨 일이 일어나든지 더 이상 실망하지 않기 때문이다. 그는 이미 실망을 느끼고 있으니 말이다.

우리는 불평하고 투덜대고 칭얼거리기를 좋아한다. 하지만 마음속 깊은 곳에서 우리는 영락없는 낙관주의자이다. 그런데 낙관주의의 이면에서 바로 불만이 생긴다. 이 사실로부터 얻어낼 수 있는 결론은 만족은 비관주의가 함께 있을 때에만 도달될 수 있다는 것이다. 이에 대해 한 번 생각해보자.

한 여성이 모든 사람들에게 싫증이 난다는 이유로 나를 찾아왔다. 나는 그녀가 내게 무엇을 기대하는지 확실히 알 수 없었다.

"당신은 삶의 의미가 어디에 있다고 생각하세요?"

"제 인생의 의미요? 저는 인생이라는 것에 의미가 있다고 생각하지 않는데요. 물론 제 인생에도 의미가 없겠죠."

"저는 당신이 그렇게 생각하지 않는다고 봐요. 당신이 그렇게 생각한다면 왜 여기에 찾아왔겠어요?"

"그야 제가 지금 모든 것이 상당히 의미 없다고 느끼기 때문이지요."

"그래서 지금 원하는 것이 뭔가요?"

"왜 모든 것이 그토록 의미가 없는지 이해하고 싶어요."

의미를 추구하려는 의지는 인간에게 내재된 지울 수 없는 욕구이다. 하지만 유감스럽게도 우리는 대부분의 시간을 의미가 존재하지 않는 곳에서 의미를 찾는 데 허송세월한다. 아이였을 땐 세상 전체가 의미로 가득 차 있었다. 곰인형에게 무슨 일이 일어나는지, 설탕은 왜 물에 녹는지, 장갑의 이름은 왜 장갑인지 이해하려고 하면서 세상을 탐구하는 데 완전히 몰두해 있었다. 한편 청년기는 자신에 대한 의구심으로 괴로워하며 행복을 추구하는 노력이 시작되는 때이다. 하지만 사랑 대신 고통을, 인정 대신 무시를 발견한다. 그리고 불만의 첫 징조가 모습을 드러낸다. 분노를 표출하고 격한 싸움도 해보며, 디스코클럽에서 밤새 춤도 추면서 운명에 반항을 해보지만 다 헛된 일이다. 청년기의 장점은 단 하나이다. 즉 시간 괴물의 손아귀에 아직 떨어지지 않았다는 것이다.

우리는 과거의 것만을 알기 때문에 인생이 달팽이처럼 영원히 느리게 진행될 거라고 생각한다. 꿈을 가질 수 있는 풍족한 시간이 주어지는 청년기에는 권태라는 대가를 치르게 된다. 청년기만큼 자주, 그리고 아주 엄청나게 권태를 느끼는 시기는 없다. 청년기가 지나면 우리는 곧 사회에 발을 딛는다.

이제는 예전과는 달리 시간이 너무 부족하다. 권태에 불만까지 더해진다. 머리카락은 자꾸 빠지고 얼굴의 모공은 점점 넓어진다. 그런데도 여전히 최고를 기대하면서 산다. 어느덧 부모가 되고, 여전히 더 좋은 것을 기대하는 마음은 사라지지 않았다.

그런데 마흔 살 무렵부터 놀랍게도 생각이 바뀌기 시작한다. 우리가 꿈꾸던 완벽주의가 서서히 그 유통기한을 넘기고 있음을 어렴풋이 느낀다. 더 빨리, 더 높이, 더 멀리 나아가려 하지 않고 이제는 천천히 나아가려고 한다. 이제야 비로소 인생이 얼마나 짧은지 깨닫는다. 이런 생각을 조금 더 일찍 할 수는 없었을까?

갑자기 모든 것이 너무 순식간에 지나간다. 친구와 지인들은 병이 들거나 죽음을 맞이하기도 한다. 예전처럼 친구들과 어울리는 대신 혼자 시간을 보내려고 한다. 이제 대부분의 사람들이 별 볼일 없이 느껴지기 때문이다.

이러한 갑작스러운 깨달음이 하루하루를 명랑하게 만들어준다. 몸은 점점 쇠약해지지만 예전보다 더 큰 자유로움과 쾌활함을 느낀다. 인생에서 자기 자신을 제외하고 더 이상 잃을 것이 없다는 사실을 처음으로 인지한 것이다. 이제는 마음이 아주 편안하다. 하지만 아쉽게도 여기에도 문제가 하나 숨어 있다. 바로 목전에 다가온 죽음이다. 원하든 원치 않든 우리는 죽음을 받아들여야 한다. 우리의 인생 전체는 싸움이다. 살면서 쟁취한 모든 것을 마지막 순간에는 다시 빼앗긴다.

인생 전체를 놓고 볼 때 우리가 그토록 원하는 완벽주의가 그리 오래 지속되지 않는다는 사실이 드러난다. 앞서 언급한 상담 의뢰인 역시 이 사실을 깨달았다. 그녀는 처음에 이렇게 말했다.

"분명히 뭔가 다른 것이 있을 거예요."

그 시점에서 나는 시시포스(Sisyphos)의 신화에 대해 이야기해야겠다고 생각했다. 시시포스는 신들로부터 바위를 산꼭대기로 끝없이 밀어 올려야 하는 저주를 받았다. 하지만 바위는 스스로의 무게를 지탱하지 못하고 다시 골짜기로 굴러 내려온다. 시시포스는 다시 온힘을 다해 돌을 산꼭대기로 밀어 올린다. 하지만 돌은 또다시 굴러 떨어진다. 시시포스는 다시 떨어질 바위를 산꼭대기로 밀어 올리는 일을 반복한다.

이것은 현실적으로는 무의미하고 가치 없는 일이며, 한편으로 우리 삶의 이미지를 반영하는 것이기도 하다. 부조리한 일상과 비극적인 운명, 여기서 우리가 어떻게 대응하느냐가 문제가 된다. 우리는 다시 돌을 굴려 올리는 시시포스의 모습을 현실에 대한 체념이 아닌, 적극적인 대응으로 해석할 수 있다. 알베르 카뮈(Albert Camus, 1913~1960) 역시 자기 문학세계의 구심이었던 시시포스의 신화에 대해 이렇게 말했다.

"우리는 시시포스를 행복한 사람이라고 생각해야 한다."

이러한 의식과 적극적인 대응을 통해 부조리한 현실에 매몰되지 않고, 동시에 모든 무의미한 세계에 의미를 부여하게 된다.

이 이야기를 통해 그녀는 '의미의 상실'에 대해 더 이상 겁먹지 않게 되었다. 어쨌든 그녀는 최악의 것만을 기대했기 때문에 인간에 대한 그녀의 불만은 현저하게 줄어들었다. 그녀의 경직된 마음이 서서히 풀렸고, 어느덧 썩 괜찮은 남자도 만나게 되었다. 그 후 그녀는 결혼을 했다. 하지만 결혼생활이 실패할 수 있다는 사실 때문에 더 이상 두려워하지 않았다. 소걀 린포체(Sogyal Rinpoche)가 쓴 《삶과 죽음을 바라보는 티베트의 지혜》에 다음과 같은 일화가 나온다.

어느 가난한 남자가 오랜 시간 열심히 일한 후에 마침내 곡식이 가득한 자루 하나를 얻을 수 있었다. 그는 매우 흡족해했다. 그리고 집에 돌아와서 쥐와 도둑으로부터 곡식을 보호하기 위해 자루를 집 천장의 대들보에 밧줄로 매달았다. 그런 다음 추가 조치로 자루 밑에 누워 자기로 했다. 그가 자루 밑에 누웠을 때 이런저런 생각이 떠오르기 시작했다.

'저 곡식을 조금씩 팔면 돈을 벌 수 있어. 그리고 그 돈으로 더 많은 곡식을 살 수 있고, 더 많은 돈을 벌 수 있을 거야. 그러면 금방 부자가 될 것이고 이 마을에서 영향력 있는 사람이 될 거야. 처녀들이 내 뒤를 쫓아다닐 거고, 나는 아름다운 여자를 찾아 결혼을 하고 아이도 가질 거야. 분명히 아들이겠지. 그런데 이름을 뭐라고 짓지?'

그 순간 그의 시선은 우연히 작은 창문을 통해 직통으로 보이는 달에 머물렀다.

"바로 이거야. 아들의 이름을 '달처럼 유명한'이라고 지어야겠다."

그가 이런 사색에 빠져 있는 동안 쥐 한 마리가 자루에 든 곡식을 발견했고 밧줄을 물어뜯기 시작했다. '달처럼 유명한'이라는 말이 그의 입에서 나오는 순간 자루가 천장에서 떨어져 그는 그 자리에서 자루에 깔려 죽었다. '달처럼 유명한'도 결국 태어나지 못했다.

우리가 불만을 느끼는 이유는 자신에 대해 너무 많은 고민을 하기 때문만은 아니다. 우리는 자신이 우주의 중심이라고 생각하기 때문에 살면서 겪는 모든 상황이 자신을 만족시키기 위해 주어진다고 생각한다. 그래서 각 상황마다 마음속에 떠오르는 느낌들을 점검한다. 자신이 기대한 만큼 만족스럽지 않으면 마음의 상처를 받는다. 더 많은 양식, 건강한 아이, 더 환한 집, 다섯 시간의 명상수행이 우리를 불만의 상태에서 구해줄 거라고 아주 진지하게 믿는다. 그리고 이렇게 우리의 오만불손함을 합리화시킨다.

인생은 언제나 더 나은 것, 혹은 더 나쁜 것을 우리에게 가르쳐준다. 하지만 우리는 인생이 전해 주는 말을 귀담아 듣지 않는다. 자신을 변화시키느니 차라리 인생으로부터 몇 대 세게 맞는 것이 낫다고 생각한다. 인생의 후반기로 다가갈수록 모든 것이 자기 위주로 돌아가는 것이 아님을 서서히 깨닫게 된다. 하지만 유감스럽게도 그동안 축적한 무의미가 너무 많아서 무의미로부터 벗어나기가 어렵다. 그래서 중년의 위기에 빠지게 된다. 불만 때문에 저지른 실수를 후회하고, 배우자를 속인 사실을 후회하며, 원래 마음먹었던 대로 자녀를 돌보지 못한 것도 후회한다. 재산을 부동산에 쏟아부은 것을 후회하고, 자신의 삶에 무신경하게 살아온 것도 후회한다.

하지만 후회도 잠깐, 우리는 또 다른 요구를 하기 시작한다. 즉 제2

의 기회를 원하는 것이다. 두 번째 가정을 꾸리거나 두 번째 학업을 시작한다. 이미 실패한 첫 번째 존재를 벗어던지고 새로운 두 번째 존재를 만들어나간다. 이것이 마치 해결책인 것처럼 보인다. 과거를 잊고 모든 것을 훨씬 더 좋은 방향으로 만들어간다. 실제로 두 번째 인생이 첫 번째 인생보다 더 나으면 30년 먼저 제2의 인생을 시작하지 않은 것에 화가 난다. 두 번째 인생이 잘 유지되지 않으면 그만두고 세 번째 인생을 시작하면 된다.

철학 상담 12

상황 받아들이기

우리를 괴롭히는 것은 상황이 아니라 자신의 생각이다. 무의미한 많은 생각을 하지 않았다면 좀 더 많은 행복과 시간이 주어졌을 것이다. 또 더 나은 사람이 되고, 더 좋은 세상을 만들었을 것이다. 그런 좋은 사람과 세상이 되지 못한 것이 각자 개인의 책임은 아닐 것이다. 아마도 그 이유는 세상을 있는 그대로 받아들이기보다 '더 나은 세상이 있지 않을까?' 하고 세상에 대해 의구심을 품는, 이성적 존재로서의 인간이 가지는 근원적인 특성 때문이리라. 인간은 세상이 왜 존재하는지, 세상이 자신에게 어떤 이득을 가져다주는지에 대해 의심하는 마음을 떨치지 못한다. 또한 최신형 전자기기를 구입해도, 해외로 여행을 떠나도, 좀더 고급스런 취미가 생겨도, 좀처럼 만족하는 법이 없다.

자신의 상황을 있는 그대로 받아들이고 그 상황을 최고로 만들 수 있어야 한다. 여기서의 '최고'는 가장 좋은 것이 아니라 최악이 아닌 것을 의미한다.

당신을 만족시키기 위해 세상이 존재하는 것이 아니다. 당신이 세상을 바꿀 수 있는 힘은 제한되어 있다는 사실, 시간이 지날수록 그 힘은 더욱 약해진다는 사실을 인정해야 한다.

이제까지 살아오면서 크게 실수하거나 실패한 일을 떠올려 보라. 그런데도 당신은 그러한 어려운 상황을 무사히 잘 극복했다. 환상적인 미래를 기대하는 것보다 현재의 상황이 대체적으로 한결같이 유지되기를 바라는 편이 낫다.

이러한 생각에서 위안을 얻을 용의가 있다면 당신은 쇼펜하우어가 언급한 지성인에 속할 것이다. 당신이 희망 없는 상태에서 희망을 만들어가고 있다면 제대로 된 길을 가고 있는 것이다. 이제 몇 가지 예를 들어보겠다.

▶ 당신은 운동을 과도하게 하며, 다시 담배를 피우기 시작했다. 또 자동차가 두 대 있고, 두 번째 아내를 얻었으며, 최근에는 록 음악을 즐겨 듣는다. 주말에는 고장 난 오토바이를 수리하며 시간을 보내는 것을 좋아한다.

이런 당신에 대해 걱정할 이유가 전혀 없다. 당신은 그저 중년의 위기를 겪고 있을 뿐이다. 중년의 위기는 교육수준이 높은 사람들에게 흔히 나타나는 현상으로 쉽게 극복할 수 있다. 당신은 중년의 비참함에서 벗어나기 위해 끊임없이 사치품을 사들인다. 받아들이기 어렵겠지만 당신은 더 이상 젊지 않다. 충분히 나이가 들었고 앞으로 점점 더 늙어갈 것이다.

지금부터는 내리막길만 있다는 사실을 정면으로 마주해야 한다. 마흔 살에도 스무 살처럼 행동하는 사람은 인생에서 중요한 것이 무엇인지를 아직도 파악하지 못한 사람이다. 당신은 이런 사람이 되고 싶지는 않을 것이다. 자신의 나이가 가진 장점에 관심을 기울여 보라. 마흔이라는 나이는 아주 좋은 나이일 수 있다. 왜냐하면 너무 어리지도 않고 너무 늙지도 않은 나이이기 때문이다.

이 나이의 당신은 비로소 고요한 마음으로 인생 전체를 관찰할 수 있게 된다. 당신이 꽉 붙잡을 수 없는 것은 이제 손에서 놓아 보라. 당신에게 운이 따른다면 운명은 당신에게 몇 년의 시간을 더 베풀어줄 것이다.

▶ 당신은 모든 것이 불만스럽다. 그런데도 다른 사람들에게 늘 행복한 척을 하고 불만스러운 내색을 전혀 하지 않는다. 사람들은 당신이 밖으로 내보이는 행복을 계속 부러워한다. 당신은 자신이 마치 형편없는 배우가 된 것처럼 느껴진다.

이제 연기를 그만두라. 연기를 한다고 인생이 나아지지 않는다. 차라리 점잖게 욕하는 법을 배우는 편이 낫다. 욕을 하는 것은 오스트리아 작가들의 오랜 전통이기도 하다.

몽테뉴, 볼테르, 쇼펜하우어에게서 욕하는 법을 배운 토마스 베른하르트(Thomas Bernhard, 1931~1989)는 가톨릭교리, 나치즘, 괴테, 하이데거를 비롯해 모든 세상을 향해 욕을 했다. 베른하르트처럼 당신도 그렇게 할 수 있다. 당신을 불만스럽게 만드는 모든 것을 향해 욕을 해 보라. 하고 싶은 모든 말을 녹음한 다음 이를 CD로 굽는 것도 좋은 방법이다. 그리고 CD에 담긴 욕을 규칙적으로 듣는 것이다. 혼자만 듣지 말고 다른 사람들에게도 들려준다. 또, 다른 사람들이 있는 자리에서 욕을 해 보라. 많은 사람들이 그 이질적인 느낌을 견디지 못하고 당신을 피할 것이다. 하지만 당신의 생각에 공감을 갖는 사람도 몇 명 있을 것이다. '불만족 동호회'를 만들어보는 것도 좋다.

▶ 당신은 낙관적이지도 비관적이지도 않지만, 모든 것에 대해 규격화된 생각을 가지고 있다. 하지만 당신의 이러한 생각은 살면서 바뀌는 경우가 많다. 나쁜 것을 기대하면 좋은 것을 얻고, 좋은 것을 기대하면 나쁜 것을 얻는다. 이 사실이 당신을 화나게 만든다.

불신하는 법을 익혀 보라. 불신은 보다 온건한 형태의 비관주의이다. 불신을 가장 먼저 다룬 철학은 회의론이다. 회의론의 어원인 'Skepsis'는 원래 시험 혹은 탐구를 뜻한다.

회의론의 제창자인 그리스 철학자 피론(Pyrrhon)은 판단의 보류를 뜻하는 '에포케(epoche)'를 주장했다. 피론에 따르면, 현세의 모든 것은 가상이며, 신적인 것만이 실재한다. 그렇기 때문에 어떤 사물이나 현상에 대해 자기의 의견이나 생각을 밝히는 것은 무의미하다. 인생도 어차피 현상에 불과한 것이므로 확실한 판단을 내릴 수 없다. 판단을 멈추고 인생의 현상을 있는 그대로, 또 무심하고 무상하게 관조해야 한다.

당신에게 일어나는 모든 일을 될 수 있으면 그대로 내버려 두라. 미래를 예견하지 말라. 그리고 나쁜 일이 생기면 그냥 감수하라. 당신의 감정과 느낌도 그저 현상에 불과하다는 것을 명심해야 한다. 인생의 다른 모든 것들처럼 당신의 감정도 변덕이 심하고 부서지기 쉽다.

이 철학 실천이 잘 이루어지면 당신의 인생이 더욱 경쾌해질 것이다. 기대가 줄면서 절망감도 점차 사라질 것이다. 그 대신 거의 눈에 띄지 않겠지만 약간의 만족감이 불만과 섞이게 될 것이다.

13
순간적 행복 _
특정한 한 사람,
특정한 한 시점,
특정한 한 장소와 결부된 행복

세상이 행하는 것, 세상이 행복이라고 간주하는 것이
실제로 행복인지 아닌지 나는 모르겠다.
-장자(莊子)

●●●

누구나 행복하기를 원한다. 이 사실은 의심의 여지없이 확실하다. 그렇다면 도대체 행복이란 무엇인가? 일광욕을 하는 것? 아이를 갖는 것? 복권에 당첨되는 것? 나이가 들어가는 것? 반 고흐의 그림 한 점을 훔쳐서 남태평양으로 도망치는 것? 행복은 개인적인 문제이고 취향의 문제이다. 따라서 개개인에 따라 완전히 다를 수 있고, 논쟁할 수도 없다. 사람들은 달라이 라마가 행복을 어떻게 정의하는지 관심을 가진다. 긍정의 심리학, 행복 연구, 몰입에 대한 서적을 흥미롭게 읽기도 한다. 하지만 이러한 처세론도, 경험적 연구도 실제적인 도움이 되지 않는다. 문제는 바로 현실에서 행복한가 그렇지 않은가이다.

사람들은 행복감을 느낄 때 남들에게서 자신의 행복이 흠잡을 데 없이 제대로 된 행복이라는 칭찬을 듣고 싶어 한다. 반면 행복하지 않을 때에는 행복을 이룰 수 있도록 도움을 주는 어떤 지시도 귀담아 듣지 않는다. 달라이 라마의 조언도 받아들이지 않는다. 자신에게 무엇이 좋고 나쁜지를 오직 자신만이 알 수 있으며, 자신만이 행복에 이르는 가장 효과적인 방법을 알고 있다고 생각한다. 행복은 강요할 수 없는 것이라는 사실도 분명히 알고 있다. 하지만 약간의 도움을 구할 수는 있다. 일단 자신의 행복이 어디에 존재하는지를 생각해본다. 그런데 이것은 그렇게 간단하지가 않다. 이런저런 생각 끝에 남이 원하는 것을 가져야겠다고 결심한다. 배우자, 집, 아이 등 이런 것들은 충분히 성취가능한 것들이다. 하지만 성취가능한 것이 우리를 정말로 행복하게 만들어줄지 누가 보장할 수 있는가? 우리는 곧 가능한 것에 싫증을 느낀다. 그래서 불가능한 것을 찾기 시작한다. 완벽한 배우자, 완벽한 집, 완벽한 아이 등등.

이처럼 사람들이 생각하는 행복은 평생 노력해도 불가능한 것임에도 끝까지 가지고 싶어 하는 것이다. 불가능한 것에는 도달할 수 없다. 다만 가까이 다가갈 수 있을 뿐이다. 행복은 아주 간단히 만들 수 있다. 예를 들어, 온라인 연애 사이트에 가입해서 개인 프로필을 작성하고 확실한 소프트웨어의 도움으로 상대와 자신이 얼마나 어울리는지 매칭포인트를 산출해 볼 수 있다. 연애상대를 찾느라 밤마다 지저분한 술집을 찾아다닐 필요가 있겠는가? 한 번의 마우스클릭으로 연인을 찾을 수 있다. 어쩌면 불가능한 것이 가능할 수도 있다. 사이트에 공개된 사진을 클릭하고 매칭포인트를 매겨 본다. 97점이 나온다. 일단 로맨틱한 감상에는 나중에 빠지기로 하고 상대의 프로필을 꼼꼼히 살핀다. 무슨 일을 하고 있는지, 성격은 어떤지 등등. 일단 눈에 보이는 확실한 것을 먼저 체크하는 것이다. 그러면서도 행복을 놓치지는 않을까 끊임없이 걱정한다. 행복을 엉뚱한 사람에게 허비하는 것은 아닐까? 이상형이 정말로 나타났을 때 놓치는 것은 아닐까?

행복을 놓치지는 않을까 하는 두려움이 우리의 시야를 가로막는다. 그러면 눈이 먼 채로 다른 사람의 무리를 따라다닌다. 남들처럼 행복을 위한 좋은 조건을 마련해주면 행복이 우리에게 곧 나타날 거라 믿는다. 행복이 특정한 한 사람, 특정한 한 시점, 특정한 한 장소와 결부되어 있다고 기대하는 것은 가장 무의미한 착각이다. 사람들은 우연적인 행복이 아닌, 아주 특정한 방식으로 행복해지기를 원한다. 다시 말해 행복이 우리 눈앞에 아른거리는 것처럼 말이다. 우리는 언제나 지금 가지지 못한 것을 손에 넣고 싶어 한다.

일에 지쳐 허덕일 때 우리는 간절히 휴가를 원한다. 휴가를 가기로 마음먹으면 완벽한 휴양지를 꿈꾼다. 휴가에 대한 아주 높은 기대감을 갖는 것이다. 그래서 로마식 증기탕, 체험 샤워실, 24시간 아동보호 서비스를 갖춘 최고급 휴양 호텔을 예약한다. 완벽한 휴가만이 행복을 줄 수 있다. 마음이 급해져서 빨리 휴가가 다가오기를 기다린다. 아이들이 방학하는 날에 맞춰 휴가를 떠난다. 아니나 다를까 고속도로 위에는 차량 행렬이 끝없이 이어지고, 휴가를 누릴 수 있는 시간 역시 계속 지체된다. 태양은 우리 몸을 그을려주지 않고 자동차를 향해 내리쬔다. 아이들은 칭얼대고 서로 싸운다. 배우자는 쉴 새 없이 투덜댄다. 마침내 휴양지에 도착한다. 하지만 방이 잘못 예약되어 있다. 다음 날에는 갑자기 날씨가 추워지고 비가 오기 시작한다. 이미 행복은 사라진 지 오래다. 그렇다고 휴가가 재미없다는 것은 아니다. 다만 우리가 이 휴가에서 기대한 특별한 행복이 사라졌음을 받아들이고 어쩔 수 없이 눈앞의 현실에 만족할 수밖에 없다.

그런데 예약한 호텔이 정말로 최고급 호텔이고 휴가 기간 내내 햇빛이 쨍쨍 내리쬐는 화창한 날씨였다고 해도 기대했던 것과 같은 행복을 느끼지는 못할 것이다. 유행성 독감이나 부부싸움, 세계경제 위기 같은 또 다른 문제가 행복을 방해할 것이기 때문이다.

행복에 대해 우리가 안고 있는 문제는 상황과 관계가 있는 것이 아니라 행복을 일방적으로 추구하는 자세와 관련이 있다. 우리가 행복을 추구하는 모습을 보면, 남의 이목을 끌 정도로 격렬하지만 아무것도 따라오지 않는 순간적인 행복에 집중되어 있다. 균형 있게 진행되는 부드러운 행복은 재미없다고 생각한다. 우리는 삶이 계속해서 정점에 달하기를 원한다. 말하자면 행복이 끊임없이 매번 새로운 정점에 도달하기를 바라는 것이다. 하지만 이런 생각과 바람은 유감스럽게도 지극히 변덕스러운 천성을 가지고 있다.

행복회의론자인 임마누엘 칸트(Immanuel Kant, 1724~1804)는 이 사실을 이미 인식했다. 그는 자신의 저서 《도덕형이상학원론Grundlegung zur

Metaphysik der Sitten》에서 다음과 같이 쓰고 있다.

"행복의 개념은 규정될 수 없는 개념이기 때문에, 모든 사람이 행복에 도달하려고 함에도 불구하고 자신이 바라고 원하는 것을 결코 규정할 수 없으며, 자기 자신과 일치를 이루어 말할 수 없다."

사람들은 처음에는 행복을 직업에서 발견한다고 생각한다. 그 다음에는 결혼에서, 그 다음에는 명품 가방을 사면서 행복을 발견한다. 한동안 할 수 있는 모든 것을 다 해본 다음에 깨닫는 것이 있다. 바로 끊임없이 어떤 성과를 이룰 때에만 순간적 행복이 중대하고 극대화되며, 성과를 이루지 못할 때에는 행복하지 않다는 사실이다. 복권당첨과 같은 우연적인 행복을 아주 좋아하면서도 극락은 다른 어딘가에 존재한다고 생각한다. 이를테면 무언가를 완벽하게 성취하고 이루어 냈다는 감격적인 느낌 안에 존재한다.

사람들은 행복을 스스로 벌고 싶지, 선물받으려 하지 않는다. 행복과 성과를 하나라고 생각하는 것이다. 즉 손쉽게 행복을 느끼지 않는다. 예를 들어 엄마가 되는 것 하나에 만족하지 않고 동시에 커리어우먼이 되기를 원한다. 또 남편이 되는 것 하나에 만족하지 않고 능력 있는 가장이 되기를 원한다. 사람들은 행복이 개인적인 것이라고 말한다. 하지만 자신의 모습을 돌이켜보면 행복과 성과를 동일시하고 있다는 것을 확인하게 된다. 성과가 없으면 행복도 없다는 원칙은 자신뿐만 아니라 다른 모든 사람들에게도 마찬가지로 적용된다.

끊임없이 완벽을 위해 꾸준히 노력하고 성과를 이루어 내도 순간적 행복을 원하는 대로 재생산하지 못한다. 그래서 마음이 불안해진다. 그러면 성과를 이루는 것 말고 다른 것을 해야 한다고 생각한다. 하지만 유감스럽게도 그게 무엇인지 모른다. 그래서 무턱대고 기다리기 시작한다. 우리가 인생을 제대로 잘 살고 있다는 어떤 증거가 나오기를 기다린다. 우리는 쓸데없는 노력을 하고 있는 것은 아닐까 혹은 자신이 예상하는 그곳에 행복이 존재하지 않는 것은 아닐까 봐 두려워한다. 그런데도 자신이 가진 기대치를 변경하지 않는다.

위대한 고대 그리스의 철학자이자 행복전문가인 에피쿠로스도 플라톤과 아리스토텔레스처럼 인간의 목적이 행복 추구라는 사실에서 출발한다. 에피쿠로스는 행복이 기쁨과 쾌락을 얻으려는 인간의 본성에 있다고 말한다. 인간이 쾌감을 얻으려고 하는 것은 더 이상의 설명이나 근거가 필요하지 않은 사실이다. 마치 눈이 하얗고 꿀이 달다는 사실을 설명할 수 없는 것처럼 말이다. 하지만 에피쿠로스는 어린이다운 혹은 동물적 양상의 쾌락충족을 찬성하지는 않는다. 그에게 중요한 것은 성찰적 자세로 쾌락을 대하는 것이다. 그의 견해에 따르면 행복을 얻는 열쇠는 유익한 쾌락과 해로운 쾌락을 구분하는 기술에 존재한다.

그는 《메노이코스에게 보내는 편지Letters to Menoikos》에서 다음과 같이 쓰고 있다.

"쾌락이 삶의 목적이라고 주장할 때 이것은 방탕한 자의 쾌락도 아니며 무지하거나 나와 의견을 달리하는 또는 내 뜻을 이해하지 못하는 사람들이 상상하는 성의 쾌락도 아니다. 내가 생각하는 쾌락은 육체의 고통과 정신의 불안으로부터의 자유를 의미한다. 그것은 연일 음주와 연희를 벌이는 것도 아니고 또 정욕을 충족하고 평안한 생활을 하는, 즉 생선을 즐기고 호화로운 식탁을 소유하는 것과 같은 사치도 아니다. 오히려 쾌락은 취할 것을 취하고 금할 것을 금하는 동기를 탐구하거나, 정신이 매우 혼란할 때 생기는 잘못된 의견을 떨쳐 버리는 건전한 사유이다."

에피쿠로스에 따르면 두통이 없고 마음의 평화를 느낀다면 그 상태는 이미 행복한 것이다. 그가 생각하는 행복은 성과를 이룰 때 느끼는 행복과는 거리가 멀다. 그렇다면 에피쿠로스는 순간적 행복을 어떻게 평가하는지 살펴보자. 그는 우선 인간의 쾌락을 세 가지의 서열로 구분했다.

  a) 자연적이고 필연적인 쾌락 → 배고플 때 먹는 것, 목마를 때 마시는 것, 피곤할 때 자는 것

b) 자연적이지만 필연적이 아닌 쾌락 → 배고플 때 송로버섯 기름(Truffle Oil)에 볶은 소꼬리 요리를 먹는 것, 목마를 때 95년산 샤또 샤스 스필린을 마시는 것, 추울 때 구찌 상표의 스웨터를 걸치는 것.
c) 자연적이지도 필연적이지도 않은 쾌락 → 인정을 받기 위해 노력하는 것, 경력·권력·부 등 모든 분야에서 최고가 되는 것.

우리를 행복하게 만들어주는 것이라고 확신하는 것을 에피쿠로스는 불필요한 것이라고 생각했다. 심지어 순리에 어긋나는 것이라고 간주했다. 반면 에피쿠로스가 최고의 쾌락이라고 간주한 것은 우리에게는 당연한 것이다. 자연적이고 필연적인 쾌락은 아주 많다고 충족되는 것이 아니라 딱 적당해야 충족된다. 에피쿠로스에게 최대의 쾌락충족은 에피쿠로스에게 고통의 부재, 예를 들면 배고픈 느낌이 없다는 것을 의미한다. 그 이상을 벗어나는 모든 것은 불필요하거나 해로운 것이라고 생각한다. 행복을 위해 빵이나 물, 잠 이상의 것을 요구하는 사람은 사고와 행동이 비이성적인 사람이며, 그런 사람은 자연적인 쾌락에도 필연적인 쾌락에도 만족하지 못한다. 이러한 양상의 쾌락은 하나의 쾌락이 또 다른 쾌락을 부르기 때문에 만족감을 앗아간다. 쾌락을 느끼자마자 곧 다시 부족함을 느끼는 것이다. 결론적으로 말하자면, 더 풍족해지려고 할수록 더 궁핍해진다. 오히려 궁핍해질수록 풍족해지는 법이다.

자연적이고 필연적인 쾌락에 집중한다면 자기 자신에게 만족할 수 있다. 음식을 배부르게 먹고 포만감을 느끼는 것처럼 말이다. 이러한 자기만족(아우타르케이아) 속에 최대의 행복이 존재한다. 그렇다고 자연적이지만 필연적이 아닌 쾌락에 속하는 쾌락을 전혀 누리지 말라는 뜻은 아니다. 에피쿠로스는 그저 남의 시선을 주목하는 강렬한 순간적 행복을 너무 고집하지 말라고 경고하는 것뿐이다. 이러한 순간적 행복에의 집착이 결국 쾌락에 더욱 의존하게 만들 수 있기 때문이다. 행복에 중독된 사람은 만족감을 얻기 위해 더 많은 행복을 필요로 한다. 더 큰 성공, 더 많은 인정, 더 많은 돈, 더 많은 사랑, 더 많은 안정감, 더 많은 통제, 더 많은 성과. 그래서 에피쿠로스는 다음과 같이 말한다.

"어떠한 쾌락도 그 자체로 불쾌가 아니다. 그러나 어느 정도의 쾌락이 생겨나는 곳에는 그 쾌락이 배가된 온갖 종류의 고통이 필연적으로 따른다. …… 자연은 필연적인 것은 쉽게 얻고, 필연적이지 않은 것은 어렵게 얻도록 한다. …… 조금이라도 만족하지 않는 자는 아무것에도 만족하지 못한다."

이 모든 말이 이해가 될 것 같기도 하다. 특히 자신이 생각하는 행복의 수위에 미치지 못했을 때는 말이다. 이런 경우 우리는 후회를 하면서 달라이 라마나 부처, 에피쿠로스 같은 영혼의 스승을 찾는다. 그리고 행복이 어쩌면 순수한 취향의 문제가 아니라 학습할 수 있다는 가능성을 고려한다. 하지만 이내 모든 것이 다시 잘 될 것이라는 증거를 확실히 손에 넣었다고 생각하자마자 다시 예전의 모습으로 돌아간다. 순간적 행복의 소용돌이는 아주 막강해서 아무 생각 없이 그저 순간적 행복에 빠지고 싶은 충동이 든다.

현생 인류의 정확한 명칭은 호모 사피엔스 사피엔스(Homo sapiens sapiens)이다. 하지만 소비하는 인간이라는 뜻의 호모 콘수멘스(homo consumens)라는 명칭이 더 잘 어울린다. 인간의 소비행태는 자동차, 청바지, 친환경 제품 같은 물질적 가치에만 국한되는 것이 아니라 사랑, 분위기, 지적능력과 같은 비물질적인 가치도 소비하려고 한다. 우리는 모든 것을 가지려고 한다. 정확히 말하자면 좋은 가격으로 가져야만 한다. 일방적인 형태의 소유는 존재를 잊어버리게 한다. 다시 말해 외적인 활동을 위해 내적인 존재를 잊는다는 것이다. 자기 자신에게 만족하기 위해 명상과 요가를 하는 것이 아니라 그로부터 어떤 이익을 얻을 거라 기대하기 때문에 하는 것이다. 이를테면 명상과 요가를 통해 더 큰 성과를 이룰 수 있는 능력을 기를 수 있다. 입으로는 자기 안의 중심을 찾기 위해 명상을 한다고 말한다. 하지만 명상 강습이 강사의 개인사정으로 취소되면 화부터 낸다.

우리는 자기 자신에게 전혀 만족할 줄 모른다. 오직 무언가를 가져야 한다는 소유욕에 지나치게 기댄다. 가족, 경력, 휴가, 명상, 부동산, 공로훈장 등 많은 것을 가지려 함으로써 순간적 행복을 극대화하려는 충동에 이끌린다. 그 결과 자신이 무엇을 가졌는지만 보고 자신이 누구인지는 더 이상 알지 못하게 된다. 소유를 위해 존재를 소홀히 한다면, 강렬하지는 않지만 눈에 띄지 않게 다가오는 잔잔한 행복을 감지하는 능력을 잃게 된다.

1976년에 저술했으나 현대인들에게 여전히 유의미한 질문을 던지고 있는 에리히 프롬의 사회비판적 저서 《소유냐 존재냐 Haben oder Sein》에서는 두 편의 시가 소개되고 있다. 한 편은 19세기의 영국 시인 알프레드 테니슨(Alfred Tennyson, 1809~1892)의 것이다.

> 틈이 벌어진 암벽 사이에 핀 꽃
> 그 암벽 틈에서 널 뽑아들었다
> 여기 뿌리까지 널 내 손에 들고 있다
> 작은 꽃, 하지만 내가 너의 본질을
> 뿌리까지 송두리째 이해할 수 있다면
> 하느님과 인간이 무언지 알 수 있으련만

다른 한 편은 17세기의 일본 시인 바쇼(Bashō)의 하이쿠(Haiku,

5·7·5조의 음수율을 띤 모두 17음으로 이루어진 일본의 정형시-역주)이다.

자세히 살펴보니
냉이꽃이 피어 있네
울타리 밑에

테니슨의 서정적 자아가 꽃을 볼 때 보이는 반응은 우리가 명품 셔츠의 가격이 떨어졌을 때 보이는 반응, 또는 각종 연애 사이트에서 소개해주는 배우자감이 자신에게 어울리는지 확인할 때 보이는 반응과 비슷하다. 우리는 무언가를 주기 전에 먼저 받기를 원한다. 프로필이나 얼굴 사진, 매칭포인트 점수 등. 뿌리까지 송두리째 꽃을 받기를 원하듯이. 그리고 어떤 것을 소유하자마자 곧바로 무엇을 더 가질 수 있는지에 대한 가설을 세운다. 한편 바쇼의 시에서는 꽃을 꺾는다거나 건드리는 것에 대해서는 일절 언급되지 않는다. 이 시에서 주제가 되는 것은 가능한 진실, 가능한 행복을 표상하는 꽃을 소유하려는 것이 아니라 꽃의 삶을 그저 느끼어 아는 것이다.

사물을 있는 그대로 감지할 수 있으려면 내면적으로 능동적인 자세가 되어야 한다. 다시 말해 정신과 감각을 일깨워 감탄을 해야 한다. 사물의 상태를 미리 계산하지 말고 그것이 존재한다는 사실에 감탄하는 법을 배워야 한다. 꽃이나 아이, 친구, 동물, 일몰, 물, 빵과 같은 것이 존재하고 있다는 사실에 감탄해야 한다는 것이다. 어디서 행복을 찾을지는 선택의 문제이다. 소유에서 아니면 자기만족에서, 외부에의 의존에서 아니면 내면적 풍요로움에서, 소유에서 아니면 존재에서, 우리는 어디서 행복을 찾을 것인가? 어느 쪽이든 결정을 해야 한다. 자신 외에는 다른 누구도 이 결정을 대신할 수 없다. 불행을 줄이는 것 역시 자신의 몫이다.

철학 상담 13:

마음의 평온 찾기

"저는 대기업의 사장입니다. 제 손으로 기업을 일구었죠."

"자수성가하셨군요."

"그런데 제 아내는 제가 스트레스를 받고 있다고 말합니다."

"그럼 당신은 뭐라고 말씀하십니까?"

"저는 스트레스를 느끼지 않는다고 말해요. 그리고 다른 사람들도 저를 그렇게 보지 않습니다."

"여가에는 주로 무엇을 하십니까?"

"음, 꾸준히 예술작품 경매에 참여하고 있어요. 그리고 틈틈이 개인적인 건축프로젝트를 준비하고 있습니다."

"그 외에 또 무슨 일을 계획하고 있습니까?"

"골프와 마이애미 여행입니다."

"만약 당신에게 주어진 날이 단 하루밖에 없다면 어떤 일을 하고 싶은가요?"

"(잠시 생각한 후) 잠을 실컷 잘 겁니다. 그런 다음 낚시하러 갈 겁니다."

잠을 실컷 자겠다는 이 상담 의뢰인의 소원은 지극히 납득할 만했다. 자연적이고 필연적인 쾌락을 향한 인간의 욕구는 깊게 뿌리박혀 있다. 그런데도 인간은 이 쾌락을 박탈하기 위해 온갖 몸부림을 친다. 우리는 가능한 것이 아닌 불가능한 것을 원한다. 말하자면 현실주의자가 아니라 이상주의자이다. 순간적 행복이 쉴 새 없이 계속 이어진다면 어떨까? 어떤 사람도, 어떤 것도 우리의 앞길을 더 이상 가로막지 않을 것이다. 우리에게 해를 입힐 사람도 없을 것이다. 다른 사람도 우리와 마찬가지로 행복할 것이기 때문에 서로 시기하지 않을 것이다. 두통도 부부문제도 없을 것이며, 아무 어려움 없이 최상의 지위에 오를 수 있을 것이다. 말 그대로 모든 것이 완벽할 것이다. 나이를 먹지도 않을 것이며, 따라서 중년의 위기도 겪지 않을 것이다. 목표달성은 자동적으로 이루어진다. 하지만 이처럼 자동적으로 목표가 달성되고 모든 성과가 원하는 족족 이루어진다면 기쁨은 과연 어디에 존재할까? 솔직하게 말하자면 자동적인 행복은 우리가 원하는 것이 아니다. 우리가 원하는 것은 자유롭게 되는 것, 즉 소유의 욕구로부터 해방되는 것이다. 행복한 삶을 살기 위해서는 소원의 노예가 되지 말아야 한다. 자신의 소원에 실존적 욕구가 담겨 있는지 확인해보라. 실존적 욕구가 담긴 소원만을 진지하게 받아들여야 한다. 그 외의 다른 모든 소원들은 '자연적이지도 필연적이지도 않은 욕구'에 포함시켜라. 자신이 소유해야 한다고 생각하는 모든 것들로부터 자신을 해방시켜야 한다. 미래만 바라보지 말고 가끔씩 과거를 돌아보는 것도 필요하다. 지금 당신이 소유하려는 것이 행복을 위해 정말로 쓸모가 있는지를 현재 처한 상황에서 판단하는 것이 어렵다는 것을 알아야 한다. 과거를 돌아보면서 당신이 지금 어떤 사람이 되었는지, 무엇을 통해 당신이 지금의 모습을 갖게 되었는지를 의식할 때에만 순간적 행복의 의존으로부터 자유로워질 수 있다. 순간적 행복으로부터 벗어나야만 자기 자신이 어떤 사람인지 발견할 수 있다. 자기 자신을 사랑하는 마음과 함께 비판적인 마음을 함께 가져야 자기만족에 존재하는 행복을 찾을 수 있다. 당신이 진정으로 원하는 것이 무엇인지 지금 결정하라. 영원히 행복을 좇아다닐 것인가 아니면 행복이 외부가 아닌 당신 자신에게서 발견될 수 있다는 확실성을 가질 것인가? 인생에서 무의미를 줄이고자 한다면 내면적 풍요로움을 증대시켜야 한다. 이제 몇 가지 예를 들어보겠다.

▶ 당신은 쇼핑광이다. 하지만 이 사실을 대외적으로 결코 인정하지 않는다. 당신은 새로운 전자제품이나 49번째 구두를 살 때 감정의 절정을 느낀다. 집에는 250권의 책들이 쌓여 있지만, 그중에서 당신이 읽은 책은 한 권도 없다.

당신 혼자만 쇼핑광이 아니다. 독일인의 9퍼센트가 쇼핑중독에 걸려 있다. 당신이 쇼핑 말고 다른 것에 대해 생각할 수 있다면, 당신의 통장이 아직 마이너스가 되지 않았다면 심리치료 없이도 문제를 해결할 수 있다. 물건을 많이 사들일수록 물질적으로도, 정신적으로도 더욱 가난해진다는 사실을 명심하라. 당신은 자신이 행복이라고 느끼는 것이 실제로 그저 의존에 불과하다는 사실을 인정하려 하지 않는다. 극성스러운 소유욕구 때문에 자기 자신과의 관계를 놓쳐 버렸다. 한마디로 당신은 자유롭다는 것이 무엇인지 잊었다. 이제는 더 이상 쇼핑을 변명의 구실로 삼지 말라. 자연에 눈을 돌려보라. 그리고 돈으로 살 수 없는 것들이 무엇인지 생각해본다. 벌이 비를 피하기 위해 찾는 초롱꽃, 악마의 발톱이라고 불리는 약초의 달걀모양 꽃, 청둥오리, 쇠오리, 흰뺨검둥오리, 물오리, 바위종다리 새, 상모솔새……. 자기 자신처럼 대체될 수 없는 것들이 무엇인지 알아보려고 노력하라.

▶ 당신은 행복이 소유가 아닌 존재에 있다는 것을 이미 알고 있기에 본질적인 것에 만족하는 삶을 살고 싶다. 하지만 그렇게 할 수가 없다. 당신은 유능한 준법감시인(Compliance Officer)이며 일 때문에 끊임없이 출장을 다녀야 하기 때문이다.

당신은 기업이 법규를 성실하게 따르고 특정한 윤리적 기본원칙과 일치하여 행동할 수 있는 여건을 마련하는 일을 한다. 아마도 당신은 이 일을 하면서 큰 개인적 행복도 발견할 것이다. 그렇지 않았다면 당신은 유능한 준법관리책임자가 되지 못했을 것이다. 당신은 행복을 성과뿐만 아니라 책임감과도 결부시키는 것을 명예롭게 생각한다. 하지만 바로 여기에 당신의 문제가 존재한다. 당신은 한편으로 기업의 도덕과 윤리를 위해 취리히, 모스크바, 상하이 등지를 돌아다니지만, 다른 한편으로 이러한 수많은 장거리운항으로 환경을 오염시킨다. 당신은 자신의 상황을 변화시킬 가능성이 없다고 생각한다. 직업상 큰 지출이 따르는 생활방식을 본질적인 것으로 축소시키기 위해서는 직업을 바꾸는 방법밖에 없다고 생각한다. 당신 말이 맞다. 하지만 당신이 자신이 일에서 행복을 느낀다면 이런 쓸데없는 의구심으로 진을 뺄 필요가 없다. 불가능한 것을 원하지 말라. 이 세상에서 당신은 최고의 준법관리책임자인 동시에 영혼의 스승이 될 수 없다. 앞으로 당신의 행복을 타인과 자기 자신을 위한 좋은 일에서 발견하라. 그리고 당신이 할 수 있는 일들에 만족하라.

▶ 과거에 당신은 돈후안(Don Juan)처럼 살았다. 하지만 이제는 연애가 아닌 탄탄한 가정생활에 행복이 있다고 생각한다. 당신은 비록 과거에 비록 행복했기는 했지만 그때의 행복이 순전히 착각이 아니었는지 의문이 든다.

이것은 당신이 행복을 주관적으로 판단하느냐 객관적으로 판단하느냐에 관한 문제이다. 고도로 복합적인 현대사회에서 사람들은 행복을 주관적인 것, 개인적인 것으로 정의하려는 경향이 있다. 사람들은 보통 진정한 행복은 개인이 그렇게 느끼는 것이라고 쉽게 말한다. 만약 그렇다면 이웃사랑의 행복이나 엄마로서의 행복뿐만 아니라 모든 양상의 행복을 '진정한 행복'이라고 불러야 합당할 것이다. 여기에는 남의 불행을 기뻐하는 행복, 경제범죄 자살테러의 행복도 포함된다. 하지만 대부분의 사람이 행복에 대한 이러한 일관성을 기피하는 태도는 행복을 객관적인 척도에 따라서도 판단하고 있음을 보여준다.

당신이 과거의 행복이 착각일 수 있다는 의문을 가진다는 것은 '진정한 행복'과 '망상적 행복'이 다르다는 사실을 인정하는 것이다. 말하자면 당신은 진정한 행복은 착각이나 망상에 기반을 둔 것이 아니라, 확실히 인식할 수 있는 것이어야 한다고 생각한다. 행복이 착각을 토대로 생겨나는 경우는 언제일까? 술에 취해 느끼는 행복? 불륜을 대가로 치루고 얻은 행복? 정신질환자가 느끼는 행복? 당신이 어떤 진정한 행복을 객관적이라고 생각하는지, 그때의 주관적인 느낌은 어떠한지 곰곰이 생각해보라.

이 철학 실천이 잘 이루어지면 당신은 순간적 행복이 전체 인생에서 어떤 비중을 차지하는지 평가할 수 있을 것이다. 더 이상 동남 아시아나 아프리카에서 휴가를 보낼 필요 없이 가까운 곳에서도 평온함을 찾을 수 있을 것이다. 그리고 슈퍼마켓에서 파는 물건만을 주시하지 않고 판매원의 친절한 웃음도 눈여겨보게 될 것이다.

14
지속적 행복 _
영혼의 안녕과 건강을 살피는 행복

잘못된 삶에는 제대로 된 삶이 존재하지 않는다.
-테오도어 아도르노(Theodor W. Adorno, 1903~1969)

...

우리는 어디로 가고 있는가? 인생에서 무엇을 더 기대할 수 있을까? 인생의 의미는 무엇인가? 인생의 의미가 무엇인지 안다면 지속적으로 행복할 수 있을까?

우리는 인생의 의미가 무엇인지 모른다. 다만 의미가 무의미 속으로 사라지지 않도록 모든 선택을 열어놓고 기다릴 뿐이다. 작고 사소한 것에도 의미가 있을 수 있다는 생각을 전혀 하지 못한다. 작은 것에서 행복을 발견하지 못하듯이 말이다. 이 세상을 살아가면서 마주치는 문제들은 아주 많은데 의미를 마주치는 일은 별로 없는 것 같다. 우리는 왜 그런지 이해하지 못한다. 오히려 정반대가 되어야 맞는 것이 아닌가 생각한다. 인생에는 원래 의미가 가득해야 하고 문제는 적어야 한다고 말이다. 그래서 우리의 앞길을 가로막는 모든 장애물을 불쾌하다고 생각하고, 가능성을 제한하는 장애물 뒤에는 분명히 어떤 억압이 존재할 것이라고 추측한다.

우리는 이런 장애물이 존재해서는 안 된다고 생각한다. 한마디로 장애나 장벽의 존재 자격을 박탈해버린다. 그것이 행복을 가로막기 때문이며, 무의미한 것으로 여겨지기 때문이다. 위대한 사랑, 위대한 행복, 위대한 의미, 이들과 우리 사이에는 계속해서 장벽이 놓인다. 그리고 우리는 계속해서 이 장벽을 부수려고 노력한다. 친구와 세 시간 동안

전화로 수다를 떨기도 하고, 혼자 울면서 마음을 풀기도 하며, 쇼핑을 하기도 한다.

힘겨운 일을 겪은 후에는 보상을 받을 자격이 있다. 그래서 클러치백이나 신진대사 균형에 관한 다이어트 서적 같은 의미가 분명해 보이는 무언가를 산다. 그런 다음 운동을 조금 하고 사우나를 한다. 그러면 기분이 한결 나아진다. 이 세상이 더 친근해 보이고, 더 또렷해 보인다. 편안한 소파에 등을 기대고 앉아 조금은 대견해진 자기 자신을 발견한다. 혼자 힘으로 비참한 기분에서 벗어나고, 자신과 행복 사이에 가로놓인 장벽을 파괴했다. 자신에게 분명히 엄청난 파워와 주도권이 있음을 확인한다.

그런데 왜 지속적으로 행복해지지 못하는 걸까? 그런데 내 친구 맥스는 조금 다르다. 맥스는 전혀 그럴 만한 상황이 아닐 때에도 언제나 기분이 좋고 마음이 편안하다. 저녁 때 맥주 한잔을 마시며 신세 한탄을 늘어놓기 위해 맥스와 만날 때면 그는 늘 환한 웃음을 지으며 인사한다. 그러면 우리는 그에게 "너 연애하니?" 아니면 "런던 일이 드디어 잘된 거야?"라고 묻는다. 순간적 행복 외에 다른 것이 맥스의 기분을 좋게 해 줄 수 있다는 사실은 우리로서는 전혀 상상할 수 없는 일이다. 맥스처럼 우리보다 돈도 조금 벌고, 우리보다 잘생기지도 않은 사람이 우리가 늘 꿈꾸기만 했던 만족감을 느낀다는 것을 이해하지 못한다.

행복에 대한 가장 유명한 정의는 아리스토텔레스에게서 찾을 수 있다. 그는 "인간의 모든 행위는 선이라는 목적을 갖는다. 인간의 모든 행위는 궁극적으로 행복을 목적으로 한다."라면서 행복을 선과 동일시했다. 인간의 모든 소망과 욕구는 선을 추구하는 노력을 포함하고 있다. 예를 들어 클러치 백을 사고 싶은 이유를 생각해보자. 손잡이가 달려 있지 않은 비실용적인 클러치 백을 원하는 이유는 핸드백 그 자체 때문이 아니다. 클러치 백은 특정한 목적, 즉 세련되어 보이게 한다는 목적을 가지고 있다. 그렇다면 왜 세련되어 보이기를 원하는 걸까? 사람들의 눈에 띄고 인정받기를 원하기 때문이다. 그럼 왜 눈에 띄고 인정받기를 원하는 걸까? 자기가치 의식을 높여주기 때문이다. 그럼 왜 자기가치 의식을 높이려고 하는가? 이런 식으로 계속해서 묻다 보면 끝이 없을 것 같다. 하지만 아리스토텔레스가 말했듯이, 이 모든 노력의 가장 궁극적인 목적은 바로 행복이다. 아름답고 선하며, 의미 있는 성공적 삶에서 느끼는 행복.

아름답고 선하며, 의미 있는 성공적 삶은 바로 지속적 행복이다. 지속적 행복은 순간적 행복과 달리 그 상태가 오래 계속되고 목표를 향해 나아가는 동안 천천히 진행된다. 지속적 행복에서는 총체적인 목표에 도달하는지의 여부가 전혀 중요하지 않다. 우리가 이루려고 했지만 이루지 못한 목표들은 아주 많다. 그 대신 다른 목표를 이루었다. 돌이켜 보면 원래는 의도하지 않았던 완전히 다른 목표를 달성한 결과 그것이 자신의 삶에 좋은 영향을 미쳤다. 이를테면 면접을 보기 위해 타지방에 가지 않았더라면 지금의 배우자를 만나지 못했다거나 부상을 입어 운동을 그만둬야 했지만 그 대신 17세기 회화에 대한 열정을 발견했다든지.

인간은 A부터 Z까지를 모두 얻기 위해 노력하여 단지 A나 B만 달성했더라도 나머지를 모두 달성할 때까지 지치지 않고 계속 달려갈 것이다. 지속적 행복, 즉 아름답고 선하며 의미 있는 성공적 삶에 도달하기 위해 필요한 모든 것을 우리는 이미 가지고 있다. 목표를 설정했고 지적능력과 야망도 지녔으며 다양한 선택사항들을 눈앞에 두고 있다. 하지만 이러한 훌륭한 출발상황에서도 좋은 결과를 만들어내지 못한다는 데 문제가 있다. 우리는 삶을 너무 단면적으로만 바라본다. 인생에 대해 생각할 땐 언제나 특정한 시간의 단면에 초점을 맞춘다. 불행했던 긴 시간들, 행복했던 짧은 순간들 그리고 행복하다고도 불행하다고도 결정할 수 없는 현재의 순간들.

50세의 여성 한 명이 신경쇠약에 시달리다가 나를 찾아왔다. 그녀는 부장 직위를 맡고 있었다. 회사에서는 직원 24명의 요구를 들어주고,

집에서는 어머니의 병수발을 드는 것이 너무 벅찼던 모양이었다.

"너무 힘들고 마음이 몹시 불안해요. 뭔가 삶에 변화를 줘야 할 것 같아요."

"무슨 말인지 알겠군요."

"사실 당신에게 큰 기대를 걸고 있지는 않습니다. 사실 제 남편이 설득하지 않았더라면 분명히 여기에 오지 않았을 거예요."

"그럼 어디에 가시려고 했나요?"

"그건 잘 모르겠어요."

"당신의 인생에서 가장 중요한 것이 무엇입니까? 무슨 일이 있더라도 포기할 수 없는 어떤 것이 있으신가요?"

"제 남편이요."

"남편이 없다면 무엇을 하실 건가요? 그럼 어떻게 될까요?"

"지금 남편이 곁에 있는데 그런 생각을 할 필요가 있는 건가요?"

"그럼 건강상의 이유로 더 이상 일을 할 수 없게 된다면 당신은 어떻게 될까요?"

"아휴, 이건 전부 예행연습일 뿐이잖아요. 제가 당신에게서 알고 싶은 것은 어떻게 하면 제 인생을 변화시킬 수 있냐는 겁니다."

직업과 인간관계에서 출중한 능력을 지닌 이 여성은 지속적 행복을 느낄 준비가 아직 되지 않았다. 그녀는 '전체를 아우르는 무엇을 위해'라는 질문을 하지 않은 채 결과 위주의 개별목적을 따르기만 했다. 자신의 인생을 변화시키겠다는 목적 역시 다른 목적들처럼 그저 하나의 목적에 불과했다. 이 목적이 어떤 특정한 결과보다는 자신의 인생 전체와 관련된 문제이기 때문에 다른 목적과 질적으로 차이가 있다는 생각을 전혀 하지 못했다. 그녀는 인생을 과거와 현재, 미래를 포괄하는 전체로서 관조하는 능력이 없었다. 인생에서 아직 자신에게 닥치지 않은 것은 '예행연습'이라고 생각했다. 그리고 예행연습은 갈등의 상황을 거짓으로 재현해내는 것일 뿐이라고 생각했다. 인생에서 중요한 것은 성공이다. 예행연습은 가상이고 삶은 실재한다. 이것이 그녀의 생각이었다.

현재에 존재하는 그리고 앞으로 다가올 성공적 삶은 인생의 모든 장애와 한계를 함께 받아들일 준비가 되어 있을 때에만 도달할 수 있다. 행복처럼 인생의 의미도 딱 한 군데에 존재하는 것이 아니다. 인생을 단면적으로, 그리고 전체적으로 성공으로 이끌기 위해서는 평생 자기 자신을 바쳐야 한다. 아리스토텔레스는 "제비 한 마리로 봄이 왔다고 말할 수 없는 것처럼 단 하루 혹은 짧은 순간이 어느 누구를 행복하게 만들지는 못한다."고 말했다.

지속적 행복을 뜻하는 고대 그리스어는 에우다이모니아(eudaimonia)로, 선한(eu) 정신(daimon)을 가지고 있을 때 행복하다는 뜻이다. 선한 마음과 선한 행동을 위해 노력할 때에만 선한 정신이 함께 한다. 고대 그리스에서는 행복이 덕(virtue), 즉 이성적 원리를 따르는 정신의 활동을 탁월하게 발휘하는 것과 밀접한 관련이 있었다. 이런 행복 개념은 우리가 가진 행복 개념과는 거리가 아주 멀다. 우리는 행복과 덕, 이성은 별개의 것이라고 생각한다. 물론 이 세 가지가 가치가 있다는 사실은 당연히 알고 있다. 하지만 그 연관관계를 인식하지는 못한다. 예를 들어 길을 건너는 할머니를 도와줄 때 우리는 제한적으로만 행복을 느낀다. 행복을 느끼는 원인이 정당하고 용감한 행동을 했다는 것에 있지 않다. 또 이성적이라는 것이 행복하다는 것을 의미하지도 않는다.

행복과 덕, 이성 사이에서 연관관계를 찾는 것이 어려운 이유는 한눈에 조망하기 어려운 복잡한 세상에서 어떤 관련을 찾아내는 것이 어렵다는 것과 관계가 있다. 누구나 행복을 위해 필요한 것을 아주 간단히 마우스 단추로 클릭할 수 있다. 그것이 서로 어울리건 어울리지 않건 상관없이 말이다. 쓸데없는 것, 방해가 되는 것, 혼란을 주는 것, 설명할 수 없는 것, 모순적인 것, 제약적인 것도 쉽게 삭제할 수 있다. 시대정신이 이런 생각을 은연중에 불어넣는다. 많은 것을(교육과정, 직업, 배우자, 나이키, 외국체류, 후원금, 포르노 등) 클릭하고, 또 많은 것을(교육, 직업, 결혼, 외로움, 역사, 유아기, 나이, 죽음 등) 삭제할 수 있다. 클릭과 삭제를 하느라 인생에서 일어나는 일들 사이의 연관관계를 알아볼 시간이 없다. 역사적 연관, 문화적 연관, 생태적 연관을 살펴볼 시간적 여유가 전혀 없다. 전체를 바라볼 시간도 없다. 그저 단편적인 것에만 만족한다. 그러니 항상 의미에 목말라 하는 것은 놀랄 만한 일도 아니다.

현대사회에는 너무 많은 가능성이 주어져 있다. 말하자면 너무 많은 것을 할 수 있다. 되도록 많은 선택을 하고 그것의 실현을 되도록 오랫동안 지연하는 능력을 가지고 있다. 또 다른 능력도 있다. 예술로서의 능력이 그것이다. 하지만 사람들은 이 능력을 망각하고 있다. 예술은 가능성을 현실화하는 것이며, 아이디어를 형상화하는 것이다. 예술가의 작업은 항상 실패의 가능성을 포함하고 있다. 그렇기 때문에 능력과 함께 연습과 인내심, 자제심, 소신, 끈기가 요구된다. 그런데 이것이 행복과 무슨 관계가 있는가? 인생을 예술적 특성이 가득한 전체로 형상화하려고 노력한다면 자동적으로 성공적인 인생이 된다. 그리고 지속적인 행복 상태에 발을 디디게 된다.

소크라테스 이후의 고대 철학의 주요 관심사 중 하나는 '삶의 기술(technê tou biou)'에 대한 교훈이었다. 특히 기원전 4세기에서 1세기에 이르는 시기까지 그러했다. 기원전 그리고 로마 황제시대 동안, 기원후 약 2세기 말까지 삶의 기술에 관한 철학은 인간이 이 세상에서 올바른 길을 찾아가는 데 도움을 주었다. 철학적인 삶의 기술이란 인생을 자기 책임하에 그리고 성공적으로 형상화하는 기술이다. 아무리 불리한 상황에 처해 있을 때에도 말이다.

헬레니즘 시대 이후로 고대 인간은 현대사회와 비슷한 상황에 처해 있었다. 정신적 토대를 제공하는 연관관계가 사라지고, 가치와 전통은 소멸되었다. 그리고 그 자리에 방향상실, 의무상실, 불확실, 순간적 행복을 향한 추구가 자리 잡았다. 자기 자신을 믿는 능력은 과거 그 어느 때보다도 중요했다. 방향과 확실성을 다시 획득하는 것, 그것도 자신의 힘과 자신의 의지로 획득하는 것이 과제였다. 에피쿠로스학파, 스토아학파, 회의론자를 비롯한 그 외의 다른 학파들이 이러한 주장을 옹호했다. 카오스와 같은 인생에서 의미를 만들어주는 하나의 형상을 창조해내는 것이 임무가 되었다. 스토아학파의 철학자 에픽테트(Epiktet)는 자신의 저서 《어록Diatribe》에서 다음과 같이 적고 있다.

"나무가 목수의 재료이고 돌이 조각가의 재료이듯이, 삶의 예술의 재료는 각 개인의 삶이다."

지속적 행복에 도달하기 위해서는 개인의 인성을 끊임없이 형성하고 발전시키는 것이 필요하다. 행복을 위해서는 특정한 기본 특성들을 가지고 있어야 하기 때문이다. 이 기본 특성들은 가르칠 수 있고 배울 수 있는 것이다.

- 자기만족감 = 아우타르케이아(autarkeia)
- 평정심, 부동심 = 아파테이아(apatheia)
- 불안에서 벗어남, 영적안정감, 침착함 = 아타락시아(ataraxia)

이 특성들은 우정, 정의감, 아량과 같은 덕목과 넓은 의미의 사회적 행동을 위한 근간을 형성한다. 자신에게 만족하고, 쾌활하면서도 침착해지기 위해서는 자기보살핌이 필요하다. 자기보살핌은 나르시스적인 욕구 충족을 위해서가 아니라 다른 사람을 보살피기 위한 전제조건이다. 자기보살핌의 핵심은 평생에 걸친 금욕이다. '금욕'이라는 단어를 들으면 곧바로 자기고행이 떠오른다. 좁은 방에서 기도하는 말라비틀어진 수도승이 생각난다. 하지만 실제로 그리스어로 금욕(askêsis)은 '연습'을 의미한다. 매일 신중하게 수행하는 훈련의 의미에서의 연습이다. 이러한 훈련에는 다음과 같은 것들이 속한다.

1. 기억 연습, 자기점검 연습: 하루의 마지막 시간에 그날 무엇을 했는지, 무엇을 했어야 했는지 떠올린다. 행한 것과 행하지 못한 것을 다시 한 번 마음속으로 생각해보는 것이다. 이 연습을 하는 이유는 판단을 위해서가 아니라 자기 자신을 점검하기 위해서이다. 기억 연습은 앞으로 다가올 좋지 못한 상황에 대비하는 데도 도움이 된다. 과거에 어떻

게 반응했는지 안다면 미래의 반응을 더 잘 알아볼 수 있기 때문이다. 그 외에도 힘든 상황에 자진하여 뛰어들어 어떻게 상황을 극복할 수 있는지 시험해 보면서 자신을 테스트해본다.

2. 읽고 쓰는 연습: 사람들이 읽고 쓰는 이유는 하나이다. 마음을 풀기 위해서가 아니라 말이나 글에 집중함으로써 특정한 견해를 더욱 확고하게 하기 위해서이다. 사람들은 자신이 생각한 것, 경험한 것을 기록한다. 나중에 그것을 다시 읽어보고 재가동할 수 있기 위함이다. 친구에게 편지를 보내거나 그들에게 도움이 될 만한 생각들을 써서 보낸다. 그리고 편지에서 자신의 행동과 경험을 되도록 자세하고 선명하게 재현시키려고 노력한다.

3. 침묵 연습: 연설이나 강의를 듣는 도중 질문을 제기하여 강연을 중단시키지 않는다. 끝난 다음에도 질문을 하지 않는다. 오직 연설자의 목소리에만 귀를 기울이고, 그 내용의 논리적 연관관계를 파악하려고 노력한다. 강연이 끝나면 말없이 강연내용에 대해서 곰곰이 생각한다.

4. 체조 연습: 모든 형태의 체육 연습.

이 모든 연습은 별로 재미없고 힘들어 보이기만 한다. 행복을 위해 이런 금욕 연습이 왜 필요한 것일까? 그 이유는 아주 간단하다. 행복은 연습의 결과일 뿐만 아니라 매일매일 하는 연습 속에도 존재하기 때문이다. 연습을 통해 행복은 지속적인 행복이 된다. 그러므로 연습은 행복을 위해 우리가 할 수 있는 가장 이성적인 것이다. 그리스인들에게 인생은 그 전체가 연습이었다. 이러한 생각은 물론 오늘날의 완벽주의라는 결과 위주의 목표와는 일치하기 어렵다. 현대인은 연습 없이, 그리고 '무엇을 위해'라는 궁극적인 물음으로 고민하지 않고서 모든 것을 이루기를 원한다. 앞에서 언급한 50세 여성 의뢰인처럼 우리도 인생 전체에서 하나의 의미, 하나의 연관, 하나의 형상을 만드는 것보다 개별적 문제를 단면적으로 집중하는 것을 좋아한다.

우리는 모든 목표를 동시에 달성하려고 한다. 목표를 달성하고 나서도 그토록 오랫동안 기다려왔던 구원의 시간이 다가오지 않는지 의아하게 생각한다. 분명히 말할 수 있는 것은 구원의 시간은 결코 오지 않는다는 것이다. 자신을 스스로 구원해야 한다. 그러기 위해 금욕의 기술이 훌륭한 수단이 될 수 있다. 단 매일매일의 연습을 자진하여 수행하는 경우에만 그 효과가 발휘된다.

철학 상담 14

선한 정신 만들기

금욕은 선택사항이 아니다. 삶을 살아가는 자세이다. 금욕과 절제를 잘 보여주는 최고의 인물은 로마 제16대 황제 마르쿠스 아우렐리우스(Marcus Aurelius 121~180)이다. 전쟁터에서도 사색을 멈추지 않을 만큼 그는 잘못을 저지르지 않도록 자신을 돌아보고 경계하는 연습을 평생 게을리하지 않았다. 그는 자신의 고뇌가 담긴 작품인 《명상록Ta eis heauton》에서 자기 자신과 모든 사람을 향해 다음과 같이 경고한다.

"무슨 일이든지 마지못해 해서는 안 되며 또 이기적인 동기에서 해시도 안 된다. 그리고 경솔한 일이나 기분을 풀기위해 하는 일을 하지 말라. 당신의 생각을 미사여구로 꾸미지 말라. 말을 할 때 장황하게 늘어놓지도 말며, 불필요한 행동도 하지 말라. …… 그러면 영혼이 맑아질 것이다. 다른 사람의 도움 없이 지내는 것에 익숙해지고 남이 주는 평안함이 필요하지 않게 된다. 남이 자기를 세워주는 것이 아니라 자기 스스로 똑바로 서야 한다."

그의 말대로 되려면 어떻게 해야 할까? 선택의 소용돌이에 휘둘리지 말고 꼿꼿이 맞서면 된다. '나는 할 수 있다.'라고 마음먹는 것 역시 우리가 연습해야 할 기술이다. 마르쿠스 아우렐리우스가 전장의 한복판에서도 글쓰기 연습을 멈추지 않았던 것처럼 우리도 그렇게 할 수 있다. 우리를 위협하는 것은 게르만인도, 마르코만니인도 아니다. 우리는 그저 사소한 미팅과 자잘한 업무에 시달릴 뿐이다.

지속적으로 행복해지기 위해서는 인생 전체를 바라보는 능력을 키워야 한다. 죽음이 임박해오는 마지막 순간에 중요한 것은 대출금리도, 연간 수입도, 깊은 팔자 주름도 아니다. 살아오면서 얼마나 많은 사람들을 이겨왔는지도 중요하지 않다. 마지막에 중요한 것은 인생을 돌이켜 볼 때 "참 잘 살아왔다."라고 말할 수 있느냐는 것이다.

인생에 장애와 한계 등 부정적인 것이 나타난다고 해서 그것을 빨리 없애는 것만이 능사가 아님을 알아야 한다. 부정적인 것이 있어야 긍정적인 것을 제대로 인지할 수 있다. 낮은 있는데 밤이 없다면 밤이 무엇인지 알지 못할뿐더러 낮이라는 개념도 존재할 수 없다. 반대의 것을 알 때 사물의 본질을 제대로 볼 수 있기 때문이다. 마찬가지로 긍정적인 것과 부정적인 것이 서로 연관이 있음을 인식할 때 비로소 진정한 의미를 발견하게 된다. 지속적으로 행복해지기를 원한다면 당신의 길을 가로막는 모든 장벽 앞에서 멈춘 다음 '나는 무엇을 위해 살고 있나?' 하고 곰곰 생각에 잠겨 보라. 해답을 찾는 것보다 인생의 가치를 분명히 의식하는 것이 무엇보다 중요하다.

인생은 금욕을 통해 비로소 값지게 변한다. 여기서의 금욕은 헛되고 무의미한 욕구나 욕망에 대한 금함을 말한다. 당신은 마르쿠스 아우렐리우스가 그랬던 것처럼, 끊임없는 연습을 통해 마치 낡은 모자를 벗듯 무의미한 불만감을 벗어던질 수 있다. 먼저 당신의 하루를 몇 개의 범주로 나누어 보라. 맡은 일을 하는 것, 아이들과 놀아주는 것, 친구를 만나는 것, 웃는 것, 사랑하는 것 등으로 쪼개질 수 있다. 그런 다음 당신의 그 모든 일과를 마치 예술작품을 만들어내듯이 해 나가라. 그렇다고 완벽을 기하려고 하지 말라. 완벽을 추구하려다 보면 오히려 몸이 경직된다. 경직된 사람은 훌륭한 예술가가 되지 못한다. 당신이 지금 하고 있는 일에 모든 열정을 집중시켜라. 그리고 당신이 쓸모없다고 생각하는 일에까지 이 연습을 확대하라. 연습이 실패하더라도 아무런 문제가 되지 않는다. 내일, 다음 주, 그리고 평생에 걸쳐 계속해서 새롭게 연습하면 된다. 이것은 지속적 행복을 얻기 위해 할 수 있는 가장 좋은 방법이다. 이제 몇 가지 예를 들어보겠다.

▶ 당신은 열여덟 살이다. 그리고 아주 좋은 성적으로 고등학교를 막 졸업했다. 이제 당신은 병원에서 사회봉사활동을 하려고 한다. 이러한 활동이 이력서에 유리하게 작용하기 때문이다. 당신은 이것이 올바른 결정인지 고민한다.

당신은 고등학교 졸업시험에서 훌륭한 성적을 거둘 정도로 아주 똑똑하다. 이해력이 빠르고 뛰어난 처세 감각까지 갖추고 있다. 또 명민하고 적응력도 빠르다. 간단히 말하자면 당신은 나이에 비해 탁월한 전망을 가지고 있다. 당신이 사회봉사활동을 하기로 결정한 이유는 선택할 수 있는 수백 가지의 직업을 수천 가지로 늘리기 위해서이다. 그렇다면 왜 그런 결정에 의구심을 품는가? 아마 당신은 이제까지 경험하지 못한 많은 일들을 그 활동을 통해 접하게 될 것이다. 고통, 무기력, 희망의 상실, 좌절, 냉소 등등. 이러한 사회봉사활동이 당신을 변화시킬 것이라는 사실을 본능적으로 알고 있기에 이를 망설이고 있는 것이다.

그런데 불안해하지 않아도 된다. 당신의 선택은 옳았다. 당신은 이제 덕(德)을 집중적으로 훈련할 수 있는 계기를 맞이했다. 젊은 시절뿐만 아니라 지속적으로 행복하기 위해 침착함, 신중함, 정의로움, 친절함과 같은 덕은 당신에게 꼭 필요하다. 사회봉사활동이 끝나면 당신은 수천 가지의 직업 중 하나를 선택할 수 있다. 사회봉사활동을 하는 동안 당신이 배운 것, 훈련한 것을 직업 선택과 성공적인 삶의 중요한 척도로 삼기를 바란다.

▶ 당신은 지루하다. 당신의 삶에는 재미있는 일이 일어나지 않는다.

매일매일이 똑같다. 월요일이나 일요일이나 마찬가지이다. 당신은 한 달 전의 일도 떠올리지 못한다. 별로 중요하게 여기지 않았기 때문이다.

당신의 인생은 뭔가 잘못 흘러가고 있다. 다시 말해 당신은 제대로 살고 있는 게 아니다. 당신은 인생을 사는 법을 잊었다. 다시 인생 연습을 시작하라. 매일 저녁 당신이 하지 못한 일, 할 수 있다면 하고 싶은 일을 기록하라. 그리고 무슨 일이든지 자발적으로 해 보라. 당신이 지금까지 피해왔던 상황을 스스로 만들어보는 것이다. 예를 들면 따분한 사촌을 방문해 보든가 아니면 재미없는 음악회에 가 보는 것이다. 그리고 당신의 생각과 감정을 꼼꼼히 살펴 보라. 당신이 언짢은 상황을 어떻게 헤쳐 나가는지 스스로 점검해 보라. 이를 통해 당신이 언짢게 여기는 것을 도전으로 평가하는 방법을 배우게 된다. 글쓰기 연습도 시작하라. 당신의 생각, 또 당신에게 중요하게 생각되지 않는 것을 기록하라. 당신처럼 인생에 별일이 일어나지 않는 사람(예를 들면 죄수)과 편지를 주고받아 보라. 자유에 대해서, 무엇을 위해 인생을 사는지에 대해서 서로의 생각과 의견을 나누어 보라. 그리고 말에서 그치지 말고 생각을 행동으로 옮겨 보라.

▶ 당신의 가장 큰 목표는 지속적인 행복을 누리는 것이다. 하지만 이

제야 정말로 행복하다고 느낄 때마다 문제가 생긴다.

당신뿐만 아니라 모든 사람이 행복을 추구하며 산다. 행복에 직행으로 도달하는 것은 불가능하다. 그런데 당신은 바로 이걸 목표로 삼고 있는 듯하다. 당신은 '나는 부자가 되고 싶다. 나는 가정을 꾸리고 싶다. 나는 선한 사람이 되고 싶다.' 와 같이 여러 가지 다양한 목표를 세우고, 그 목표를 달성하려고 노력할 수 있다. 하지만 당신의 목표가 '행복해지고 싶다.' 혹은 '꼭 행복해져야 한다.' 라면 분명히 말하건대 당신은 결코 행복해질 수 없다. 당신이 행복에 곧장 다가가려 할수록 행복은 점점 멀어진다. 이것은 소위 행복의 역설이라고 말할 수 있다.

행복을 좇아 다니는 것보다 당신이 가치 있다고 생각하는 것에 집중하는 편이 낫다. 지금 여기의 행복이 당신에게서 달아나지 못하도록 하는 것이다. 이제 당신의 잠재성, 가능성의 씨앗을 발현시킬 준비를 하라. 조급함을 침착함으로, 기대감을 자기만족으로 전환하라.

침묵 연습이 도움이 될 수 있다. 친구들과 지인들을 모아서 그중 한 사람에게 사회적·역사적·문화적 주제에 대한 짧은 연설을 하게 하라. 그리고 당신과 청중은 침묵을 유지하며 연설을 듣는다. 연설 내용에 대해 함께 생각하라. 연설이 끝나면 조용히 간식을 제공하라. 어렵겠지만 침묵하면서 간식을 먹기 바란다. 그리고 이런 침묵연습을 규칙적으로 실행해 보라. 이러한 일종의 금욕 연습은 당신의 불만을 어느새

몰아낼 것이다.

이 철학 실천이 잘 이루어지면 당신 자신이 더 이상 노예처럼 느껴지지 않을 것이다. 당신은 자기절제 속에 존재하는 자유를 높이 평가하는 법을 배우게 될 것이다. 또 더 큰 연대의식을 느낄 것이며, 자신의 개인적인 행복이 주변 사람들에게도 선하게 작용할 때 비로소 '좋은 삶, 행복한 삶'에 가까워진다는 사실을 깨닫게 될 것이다.

부록

자가 테스트:
충만한 삶을 위해서는 얼마나 많은 철학이 필요한가?
이 테스트는 지금까지의 당신의 삶에 존재한 '의미'와 '무의미'에 대해 설명해줄 것이다. 다음 100가지 항목에 대해 가능한 한 빨리 '예' 또는 '아니오'를 체크해 보라.

예 아니오

- ☐ ☐ 1. 아무도 전화하지 않았는데도 가끔씩 휴대전화 벨소리가 들린다.
- ☐ ☐ 2. 돈을 전부 잃어버릴까 봐 불안하다.
- ☐ ☐ 3. 앞으로 계획한 만큼 돈을 많이 벌지 못할까 봐 불안하다.
- ☐ ☐ 4. 혼자서 할 일 없이 있을 때 신경이 날카로워진다.
- ☐ ☐ 5. 전화를 하면서 최소한 두 개 이상의 일을 동시에 한다.
- ☐ ☐ 6. 사람들이 나를 너무 진지하게 생각할까 봐 불안하다.
- ☐ ☐ 7. 해야 할 일을 끝내지 못하면 미칠 것 같다.
- ☐ ☐ 8. 집에서 책을 보느니 교통체증 속에서 세 시간을 보내는 게 낫다.
- ☐ ☐ 9. '아이러니'가 무슨 뜻인지 아직도 정확히 모르겠다.
- ☐ ☐ 10. 논거와 논제에는 큰 차이가 없는 것 같다.
- ☐ ☐ 11. 소크라테스라는 이름을 한 번도 들어본 적이 없다.

☐ ☐ 12. 꽃과 나무를 말할 때 식물학적 명칭이 아니라 그냥 '꽃', '나무'라고 말해도 전혀 거슬리지 않는다.

☐ ☐ 13. 시간이 좀 더 많다면 소설을 한번 읽어보겠다.

☐ ☐ 14. 솔직히 말해 나는 별로 쓸모없는 사람인 것 같다.

☐ ☐ 15. 물론 나중에 아이를 갖고 싶다.

☐ ☐ 16. 내가 손해를 많이 보지 않는 한도 내에서 내 아이에게 최고의 여건을 제공하고 싶다.

☐ ☐ 17. 내 인생에서 가장 중요한 것은 즐거움을 누리는 것이다.

☐ ☐ 18. '아니오'라고 잘 말하지도 못하고, 분명히 '예'라고 말하는 것도 어렵다.

☐ ☐ 19. 친구와 약속을 잡으려면 보통 전화를 3통에서 6통 정도 한다.

☐ ☐ 20. 시간을 낭비했다는 생각이 들면 절망감에 빠진다.

☐ ☐ 21. 역사적 지식이나 외국어 능력이 어떻게 나에 대한 이해를 도와준다는 건지 잘 모르겠다.

☐ ☐ 22. 내가 생각한 대로 일이 진행되지 않으면 곧바로 미치도록 화가 난다.

☐ ☐ 23. 시간이 항상 빨리 지나가는 것 같다.

☐ ☐ 24. 나는 많은 일을 해내지만, 용감하다고 말할 수는 없다.

☐ ☐ 25. 나는 더 많은 경험을 하고 싶지만, 지금 내 상황에서 기본적인 것

을 바꾸고 싶지는 않다.

□ □ 26. '겉보기에는'이라는 말과 '피상적으로'라는 말에 차이가 있는지 없는지 내게는 상관이 없다. 내 걱정은 완전히 다른 것에 있다.

□ □ 27. 나이 든 사람에게 자리를 양보하기는 하지만, 마지못해 하는 것이다.

□ □ 28. 나이 든 사람이 내 앞에서 천천히 걸어가면 상당히 답답하다.

□ □ 29. 내가 어떤 사람인지 모르겠다.

□ □ 30. 지인이나 친구의 전화 혹은 메일에 회신하는 것을 자주 잊거나 한참 있다가 한다.

□ □ 31. 계획대로 시간을 활용할 수 없게 되면 불안해진다.

□ □ 32. 노인문제에 대한 신문기사는 읽지 않고 그냥 넘긴다.

□ □ 33. 안락사에 대한 주제가 나오면 말을 한다.

□ □ 34. 3개월 이상 싱글로 지낸 적이 없다.

□ □ 35. 인플레이션 때문에 불안하다.

□ □ 36. 피부트러블 때문에 고민이 많다.

□ □ 37. 나는 다른 사람과 비교했을 때 운명적으로 불리하다는 생각이 든다.

□ □ 38. 멍청한 사람들은 바보스럽지만, 나처럼 똑똑한 사람보다 더 행복한 것 같다.

☐ ☐ 39. 이 테스트를 마치면 비디오게임을 할 것이다.

☐ ☐ 40. 아무 이득이 없는 일을 할 때 화가 많이 난다.

☐ ☐ 41. 최대한 돈을 적게 들여서 많은 것을 가지고 싶다.

☐ ☐ 42. 자녀에게 윤리 개념을 가르쳐주는 것이 중요하다고 생각하지만, 나의 개인적 도덕관에 대해 생각할 시간조차 없다.

☐ ☐ 43. 아우슈비츠 유대인 강제 수용소를 방문할 생각이 전혀 없다.

☐ ☐ 44. 친구가 내가 모르는 사람에 대해 이야기하면 곧장 관심이 생긴다.

☐ ☐ 45. 배우자가 까다로운 사람이 아니라면 더 행복할 것 같다.

☐ ☐ 46. 휴가나 크리스마스 기간에 가족들과 자주 싸운다.

☐ ☐ 47. 돈을 더 많이 번다면 제3세계 아동을 위해 반드시 기부할 것이다.

☐ ☐ 48. 많은 선택사항 중에서 결정을 해야 할 때 자유가 줄어드는 느낌이다.

☐ ☐ 49. 어차피 인생에는 귀찮고 어려운 일이 많이 생기므로, 이왕이면 아름다운 것을 택해야 한다고 생각한다.

☐ ☐ 50. 20년, 30년 뒤에 내가 어떻게 될지 별로 궁금하지 않다. 인생에서 현재가 중요하다.

☐ ☐ 51. 상사가 부탁을 하면 그렇게 한다.

☐ ☐ 52. 배우자가 부탁을 하면 싸운다.

☐ ☐ 53. 훗날 내 매력과 능력이 사라질까 봐 두렵다.

☐ ☐ 54. 나는 술/ 담배/ 마약/ 텔레비전/ 인터넷/ 섹스/ 일에 중독되어 있다.

☐ ☐ 55. 월요일에서 금요일까지 나는 사는 것이 아니라 그저 기계처럼 작동할 뿐이다. 주말에야 비로소 사람처럼 산다.

☐ ☐ 56. 나는 내 아이들의 본보기가 되고 싶지만, 가끔씩 내가 아이들의 요구를 제대로 들어주고 있는지 의심스럽다.

☐ ☐ 57. 나이트클럽에 있는 사람들이 대부분 나보다 훨씬 젊어 보이면 이상한 생각이 든다.

☐ ☐ 58. 매우 가난하거나 큰 병에 걸린 사람들이 어떻게 인생에서 기쁨을 느낄 수 있는지 이해할 수 없다.

☐ ☐ 59. 친구나 동료와 대화를 나눌 때 '나는'이라는 표현을 자주 사용한다.

☐ ☐ 60. 나는 이제 정말 행복해지고 싶다.

☐ ☐ 61. 나이가 들수록 나와 직접 관련이 없는 것에는 관심이 줄어든다.

☐ ☐ 62. 박물관 입장료가 너무 비싸다는 생각이 든다.

☐ ☐ 63. 20만 원대의 명품청바지 가격이 합리적이라고 생각한다.

☐ ☐ 64. 어떤 것 때문에 왠지 모르게 양심의 가책을 계속 느낀다.

☐ ☐ 65. 언짢은 전화통화는 종종 몇 주 정도 미루는 경우가 많다.

☐ ☐ 66. 나는 과거에는 관심이 없고, 미래에만 관심이 있다.

☐ ☐ 67. 길에 있는 사람들이 항상 뾰루퉁한 얼굴로 앞을 바라보는 것이 나를 화나게 한다.

☐ ☐ 68. 길에 있는 사람들을 쳐다보거나 하물며 미소 지을 생각을 전혀 하지 못한다.

☐ ☐ 69. 다른 사람들이 먼저 나에게 애정을 표하기를 기다린다.

☐ ☐ 70. 제대로 된 균형을 찾기가 어렵다.

☐ ☐ 71. 내가 몇 킬로그램만 덜 나간다면 분명히 배우자를 더 쉽게 찾을 수 있을 것 같다.

☐ ☐ 72. 뭔가를 놓칠까 봐 불안하다.

☐ ☐ 73. 나는 중년의 위기에 처한 것 같다.

☐ ☐ 74. 기원후 1세기 때의 책을 읽는 것이 도움이 되는지 잘 모르겠다.

☐ ☐ 75. 마음보다 몸에 투자하는 것이 더 맞다고 생각한다.

☐ ☐ 76. 나의 생활방식은 내 친구들처럼 상당히 개인주의적이다.

☐ ☐ 77. 다른 사람들 앞에서 나는 상황이나 기분에 따라 그때그때 다르게 행동한다.

☐ ☐ 78. 대화 중에 외국어를 많이 섞어 쓰는 사람들이 대단해 보인다.

☐ ☐ 79. 친한 친구가 정신적으로 문제가 있다는 얘기를 들으면 일단 거리를 둔다.

☐ ☐ 80. 본인 자신에게 집중해야 할 때 상당히 빨리 지루해진다.

☐ ☐ 81. 아주 오랜 시간이 지난 후 내 배우자가 나를 갑자기 떠날 것 같다.

☐ ☐ 82. 끊임없는 약속 때문에 우울함을 느낀다.

☐ ☐ 83. 얼마 전부터 제대로 살고 있지 않다는 느낌이 많이 든다.

☐ ☐ 84. 자주 불평을 하는 편이다.

☐ ☐ 85. 나의 관심사 말고 다른 것을 생각하는 것이 어렵게 느껴진다.

☐ ☐ 86. 부정적인 경험에서 의미를 발견하는 것이 불가능하다고 생각한다.

☐ ☐ 87. 예전에는 원하는 것은 거의 항상 손안에 넣었지만, 최근에는 모든 것이 뜻대로 잘 되지 않아 괴롭다.

☐ ☐ 88. '철학'이라는 말을 들으면 기업철학이 떠오른다. 또는 안경을 끼고 수염을 기른 나이 든 남자들이 떠오른다.

☐ ☐ 89. 텔레비전 뉴스에서 아프리카 내전 장면을 보는 것이 잘 만들어진 정치스릴러물을 볼 때보다 감동이 덜 하다.

☐ ☐ 90. 가끔씩 내 자녀가 도덕적인 관점에서 나보다 더 똑똑하다는 인상을 받는다.

☐ ☐ 91. 기후변화와 환경오염에 대한 생각을 하고 있기는 하지만, 내가 갑자기 전기자동차를 타고 다닌다면 우스꽝스러울 것 같다.

☐ ☐ 92. 예전에는 직장에서 이용만 당했지만, 이제는 나도 다른 사람들을 이용할 수 있다.

☐ ☐ 93. 해고를 당할까 봐 불안하다.

☐ ☐ 94. 내가 근본적으로 원하는 것을 명확히 표현하는 것이 어렵다.

☐ ☐ 95. 머릿속에 여러 생각과 감정이 뒤죽박죽 섞여 있다.

☐ ☐ 96. 어떤 것에 관심을 가지는 법을 잊어버렸다.

☐ ☐ 97. 가끔씩 그냥 다른 사람이고 싶다.

☐ ☐ 98. 나는 절망과 과대망상 사이에서 동요한다.

☐ ☐ 99. 충분히 성과를 내지 못할까 봐 불안하다.

☐ ☐ 100. 내 아이가 독서를 너무 많이 하면 사회적 능력을 충분히 계발하지 못할 것이다.

평가

'예' 대답에 표시한 개수를 세어라. '예' 대답마다 1점을 매긴다. 점수가 높을수록 그만큼 당신이 무의미한 일과 생각에 파묻혀 있다는 것이다. 당신의 의미로 충만한 삶을 위해 더 많은 철학함을 권한다.

0점에서 33점

당신은 완벽함을 요구하고 끊임없이 새로운 선택사항을 내놓는 지금의 시대 정신에 특별히 영향을 받지 않는 것 같다. 이것은 칭찬할 만한 일이다. 당신은 자신의 기준에 따라 사태를 규명하고 스스로 사고할 줄 아는 사람이다. 하지만 당신의 비판적 사고가 삶을 영위하는 데 어떤 결과를 가져올지에 대해선 의문을 제기하고 싶다. 간단히 말해, 당신은 혹시 냉소주의자나 염세주의자는 아닌가? 대세순응적으로 살아가는 동시대인들을 경멸하는가 아니면 그들이 그와 같은 속박에서 벗어나도록 자극을 주는가? 당신의 삶은 사고력과 더불어 공동체 사회를 형성하는 능력을 함께 키워나갈 때에만 진정으로 충만해진다. 이 책에 언급된 철학자들의 인식을 항상 머릿속에 간직하라. 3일이 지나도 당신의 상태가 그대로라면, 당신의 삶이 이미 의미로 충만해졌거나 아니면 당신이 자기 자신을 규명하는 데는 실패해서 그럴 것이다. 후자에 해당되면, 자기 자신에게 애착하는 일에서 벗어나 이제는 자기 자신을 넘어서도록 노력하라. 예를 들면 매일 선행을 하나씩 베푸는 것이다.

34점에서 66점

당신은 의미와 무의미의 중간 기로에 서 있다. 다른 사람들 때문에 인생이 힘들다고 느껴지면서도 한편으로는 이렇게 느낀다는 사실 자체에 화가 난다. 다른 사람들에 대해 불평하지도 말고 자기 자신에 대해서도 불만스러워하지 말라. 유일하고 값진 당신의 삶에서 정말로 중요한 것이 무엇인지 생각하라. 죽음에 대한 의식을 단련하고 본질적인 것을 만족시키려고 노력하라. 의사소통을 할 때도 마찬가지이다. 이 테스트에서 '0점에서 33점'을 얻은 사람들과 대화를 해 보라. 삶에 대한 기대가 언제 충족될지 그만 생각하라. 그리고 매일 하루를 연습으로 간주하라. 금욕적인 삶을 살아. 직업상의 도덕뿐만 아니라 자신의 개인적인 도덕도 자세히 관찰하라. 아리스토텔레스, 플라톤 같은 고대 철학자나 아이들에게서 많은 것을 배우도록 하라.

'철학'이 당신의 몸과 마음, 정신에 골고루 퍼지는 것을 느껴 보라. 몇 주가 지나면 불만이 사라지고 쾌활한 감정이 생겨나면서 당신의 상태가 눈에 띄게 나아짐을 느낄 것이다.

67점에서 100점

당신의 상황은 심각하다. 그래도 위의 테스트에 솔직하게 응한 것을 보면 아직 걱정할 단계는 아니다. 이것은 당신이 전적인 자기인식을 할 수 있다는 것을 의미한다. 하지만 이것만으로는 의미로 가득 찬 삶을 만들 수 없다. 무의미를 그만 축적하라. 그럴듯하게 꾸며 맞추는 생활태도는 목표에 더 빨리 도달하는 것이 아니라 목표와의 단절을 초래한다는 사실을 깨달아야 한다. 당신의 불안감을 마음속에서 쫓아내려 하지 말고 오히려 친해지려고 노력하라. 주변의 상황을 보아 좋은 시기를 결정하고, 자신의 결정을 일관되게 밀어붙이는 법을 배우라. 당신의 가장 큰 문제는 당신이 아직 자기 존재에 충분히 몰입하고 있지 않다는 데 있다. 인생을 대하는 당신의 자세 역시 아직 충분히 열정적이지 않다. 당신은 세상이라는 무대 위에서 직접 연기를 하는 대신 값싼 좌석에 앉아 구경하는 것에 만족한다. 좀 더 적극적인 사람이 되어 보라. 이 테스트에서 '34점에서 66점'을 얻은 사람과 대화를 해 보라. 그 사람과 함께 당신이 이 책에서 얻은 견문을 함께 논의해 보라. 그리고 풀리지 않은 의문들을 새로운 관점에서 바라보라. 철학적인 실천들이 잘 이뤄질 수 있도록 서로에게 힘을 주라. 인생의 의미는 외부에 있는 어떤 것이 아닌 인생 그 자체에 있다. 아주 위험한 자포자기 상태에 빠지기 전에 '철학'을 규칙적으로 복용하라. 관점의 확대, 관심의 증가, 강한 호기심과 같은 효과가 나타날 것이다.